政协恩施州委员会 | 丛书编著

恩施州传统村落
历史文化丛书

# 建始县
# 传统村落

政协恩施州委员会
政协建始县委员会 / 编著

华中科技大学出版社
http://www.hustp.com
中国·武汉

## 内 容 简 介

为促进恩施州传统村落保护，弘扬民族优秀传统文化，助推乡村振兴，政协恩施州委员会组织编纂了"恩施州传统村落历史文化丛书"。《建始县传统村落》作为丛书中的一本，详细记述了建始县传统村落基本情况以及村落文化遗产、自然遗产、历史事件、家族人物和传统产业。本书语言通俗易懂、简洁优美，并配以丰富的图片，兼具史料性和可读性，是研究建始县乃至恩施州民族历史文化的宝贵资料和宣传展示民族优秀传统文化的重要窗口。

图书在版编目（CIP）数据

建始县传统村落 / 政协恩施州委员会，政协建始县委员会编著. — 武汉：华中科技大学出版社，2021.11

（恩施州传统村落历史文化丛书）

ISBN 978-7-5680-7668-5

Ⅰ. ①建… Ⅱ. ①政… ②政… Ⅲ. ①村落文化—介绍—建始县 Ⅳ. ① K926.34

中国版本图书馆 CIP 数据核字（2021）第 224078 号

**恩施州传统村落历史文化丛书·建始县传统村落**     政协恩施州委员会   编著
Enshi Zhou Chuantong Cunluo Lishi Wenhua Congshu · Jianshi Xian Chuantong Cunluo     政协建始县委员会

| | |
|---|---|
| 策划编辑： | 汪　杭　陈　剑 |
| 责任编辑： | 汪　杭　陈　剑 |
| 封面设计： | 刘　卉 |
| 责任校对： | 李　弋 |
| 责任监印： | 周治超 |
| 出版发行： | 华中科技大学出版社（中国·武汉）　电话：(027)81321913 |
|  | 武汉市东湖新技术开发区华工科技园　邮编：430223 |
| 录　排： | 华中科技大学惠友文印中心 |
| 印　刷： | 湖北新华印务有限公司 |
| 开　本： | 710 mm×1000 mm　1/16 |
| 印　张： | 16.25 |
| 字　数： | 253 千字 |
| 版　次： | 2021 年 11 月第 1 版第 1 次印刷 |
| 定　价： | 998.00 元（共 8 册） |

本书若有印装质量问题，请向出版社营销中心调换
全国免费服务热线：400-6679-118　竭诚为您服务
版权所有　侵权必究

## 丛书编委会

主　　　任：吴建清　刘建平

常务副主任：张全榜

副　主　任：曾凡培　刘小虎　谭志满

成　　　员：郑晓斌　卢智绘　曾凡忠　刘太可　黄同元
　　　　　　邹玉萍　田延初　张真炎　冯晓骏　郑开显
　　　　　　文　林

主　　　编：张全榜

副　主　编：曾凡培　冯晓骏

特邀编审：雷　翔　贺孝贵　刘　刈　董祖斌　刘　权

## 《建始县传统村落》
## 编委会

主　　任：曾凡忠

副 主 任：柳毓廷　吴绍溶　张　华　颜昌泉　李　丽　周昌杰

成　　员：毛昌恒　向红玲　刘承珍　向　军　黄信燕　张臣彪

主　　编：颜昌泉

副 主 编：毛昌恒

执行主编：龚志祥（特邀）　毛昌恒　傅一中（特邀）

校　　对：向明魁　翁　畅　郭　弥　杨金碧　张　伟

# 总序
General Prologue

# 恩施州传统村落的历史与文化

## 一

恩施有悠久的历史，早在石器时代就有了原始人的居住聚落。秦汉以后进入溪峒时期，溪峒既是地域特征描述，也是当地的社会组织称谓，相当于当时中原的郡县。但是，溪峒时期及其以前的人群聚落，生产生活方式以"游耕"为主，渔猎采集占较大比重，没有真正形成村落。

关于恩施农耕定居模式的明确记载始于唐代，《元和郡县志》记载，施州领县二（清江、建始）"开元户三千四百七十六，乡里一十六"。这些"乡"是定居农耕人群的管理组织，这种组织机构的建立是朝廷的社区管理进入长江沿岸、清江河谷地区，以及农耕编户聚落即村落形成的间接标志。宋代《元和九域志》记载，施州编户增至"主九千三百二十三，客九千七百八十一"，共19104户。

清江县十乡，建始县五乡，还有当时属归州的巴东县有九乡。两宋时期，巴东、建始、清江三县各乡里的农耕村落，与西南"寄治山野"的羁縻州有明显的体制差异，社会组织形态也有明显差异。经制州与羁縻州之间，还设有一批军事围困防守性质的寨堡，寨丁们亦农亦军。羁縻州的下属溪峒与寨堡只是村落的前身，都不是严格意义上的农耕村落。

元、明及清初，恩施进入土司、卫所时代，只有巴东、建始二县的"乡里"仍然延续农耕村落的发展方式。原先的羁縻州与原属州县的寨堡，陆续分合形成朝廷认可的大小30多个土司。土司下设峒寨之外，也有部分设有"里"（农耕村落组织）。施州军民卫是明洪武后期合并施州的政权形式，保留了原有的市郭、崇宁、都亭三里，原有的农耕村落应该也有部分保留。施州卫、大田所广泛设置于今天恩施、利川、咸丰三市县的屯、堡组织，则是军垦性质的农耕聚落，明末清初逐渐转化为村落。

清朝改土归流，流官政府建立，废除了土司政权及其基层社会组织，也废除了土司所有制，包括对当地百姓的人身自由的控制和对山林土地的占有。普遍设置适合农耕定居生产生活方式的"里甲"组织，革除土司"恶俗"，推行符合"礼仪"的民间制度。改土归流的政治、经济和文化改革，给恩施州农村社会带来空前的巨变，其显著特征是：原本存在于府县地区的乡里村落形式，在原本有很大差异的土司地区和卫所地区进行推广，各地村落的组织结构形态逐步趋同。这次社会变革的重要抓手是土地山林的私有化"确权"、无主荒地招垦移民和家族化浪潮。今天村落的形成大多源自这次社会变革，这也是恩施大多数现存传统村落的起点。

恩施农耕社会传统村落的繁荣始于清朝道光、同治年间。据统计测算，当时恩施州内已有二十多万户一百三十余万人[①]，基本都是农业人口。传统村落数量没有进行统计，估算应该不少于一万个。譬如当时的恩施县，《恩施县志》（清同治版）记载，已有编户五万余户三十三万七千余人，分为三里二十五甲，下

---

① 恩施州志编纂委员会. 恩施州志[M]. 武汉：湖北人民出版社，1998.

设甲长一千六百五十七名、牌头四千七百五十九名。传统村落的繁荣延续超过百年,一直到1949年中华人民共和国成立。

## 二

中华人民共和国成立后的土地改革以及随之而来的农业合作化、人民公社运动,颠覆性地改变了传统村落的家族性社区结构,而依附于自然环境的农耕生活模式基本没变,传统村落的外部形态基本延续。

改革开放以来,我们在主动迎接全球化浪潮以求富足强盛的同时,也丢失了许多弥足珍贵的文化遗产。社会文化转型,尤其是在改革开放以来的工业化、城市化发展浪潮中,传统村落建筑及其自然生态、传统乡村生活方式及其文化生态受到极大冲击。我们在享受工业化、现代化成果的同时,却也对蓝天白云、青山绿水和传统文化造成了损害。在反思中寻找和复兴民族优秀传统文化成为全社会的共同追求。

恩施土家族苗族自治州交通相对闭塞,其自然环境和少数民族聚居的社会文化环境,使之产生具有独特生产生活方式和历史文化特色的传统村落。加之几乎与改革开放同步的少数民族自治地方建设及其民族文化抢救保护政策,恩施遭受社会变迁的冲击较缓、较晚,部分传统村落得以保存。尤其难得的是,在部分传统村落中,仍然保存着传统的农耕生产方式和生活方式。传统的人生礼仪、时令节庆仪式,少数民族历史、村落历史和家族历史及其人物故事仍然在传诵。

恩施州传统村落及其文化,曾经得到国内外民族学、文化学学者们的高度关注和赞誉,产生了许多学术研究成果;恩施州传统村落也曾引起文化艺术工作者们的浓厚兴趣,许多优秀作品被创作出来。恩施州传统村落还得到各地"驴友"的追捧;他们远离城市的喧嚣来享受山林乡村的寂静,体验别样的少数民族文化,追寻原始文化遗迹。可见,传统村落是我们的珍贵遗产,是复兴民族优秀传统文化和乡村振兴的重要资源。

## 三

　　国家主席习近平强调，"文化自信，是更基础、更广泛、更深厚的自信"。政协恩施州委员会把民族优秀传统文化复兴当作建立文化自信的重要表现，当作恩施州社会建设的重要内容。政协恩施州委员会长期注重本地各民族历史文化资料的收集保存和整理，在完成《恩施文化简史》等历史文化研究著作的撰写、出版之后，又组织各县市政协调查、研究全州尚存的古村落，撰写"恩施州传统村落历史文化丛书"。政协恩施州委员会认为，传统村落是在农耕文化发展过程中逐步形成的，体现了一个地方的传统文化、建筑艺术以及民风民俗，凝结着历史的记忆。对传统村落历史文化的深入调查研究和整理，有着十分重要的现实意义。传统村落是宝贵的文化资源，发掘利用传统村落能为恩施州的社会发展提供坚实的文化支撑；传统村落是地方的历史记忆和社会认知，保存和整理传统村落文化能够更好地满足全州各族人民的文化需求；传统村落还是恩施各族人民适应当地环境、利用地方资源的文化成果，深入挖掘、提炼和传承传统村落文化有利于树立文化自信，更好地建设具有自身鲜明特色的繁荣自治州。

　　恩施州传统村落的保护工作，开始于21世纪初。2009年，国家民族事务委员会与财政部开始实施少数民族特色村寨保护与发展项目，至2019年公示第三批中国少数民族特色村寨拟命名名单，恩施州辖内被选为"中国少数民族特色村寨"的有49个。2014年，国家组织制定传统村落保护规划，在先后公布的五批中国传统村落名单中，恩施州共有81个村落被列入中国传统村落保护名单。恩施州曾经拥有数以万计的传统村落，其中基本保持原貌和内部结构的村落仍有上千。从2018年开始，政协恩施州委员会会同八县市政协一起策划、编写"恩施州传统村落历史文化丛书"，上述"中国少数民族特色村寨"和"中国传统村落"是本丛书主要选录的对象（两者之间有部分重合）。丛书选录并单独编写的代表性传统村落有98个，非单独编写的特色村落有83个。其中"中国传统村落"68个，约占据恩施州全部名录的84%；"中国少数民族特色村寨"30个，约占恩施州全部名录的61%。这说明有代表性和典型性是本丛书编写的一个重要特征。

这些传统村落大多远离城市，广布于恩施州八县市的山川密林之中。本丛书编写者一一调查寻访，对村落历史渊源与文化特征的描述不仅来自地方文献记录，更多来自编写者的实地观察探访和居民们记忆口述。这也是这套丛书编写的特征之一。

按照政协恩施州委员会的部署，各县市分卷都采用招标方式确定具体编写队伍，编写队伍大都由长期从事乡村研究的高校专业人员担任，由各市、县、乡文化专家共同组成编写班子。内容的专业性、作者宽广的视野，是这套丛书编写的又一特征。

## 四

恩施州的传统村落有多种类型，相互之间差异显著。差异产生的原因至少有以下几个：一是经历过不同的发展路径，其文化内涵的民族性、区域性有较大差异。二是处于不同的生态环境。恩施在崇山峻岭之中，河谷坪坝、高山草甸交错，气候物产各不相同，形成差异极大的生产生活方式及相应的居所结构和聚落形态。三是不同的民族文化传统。恩施州是多民族世代共居的共同家园，有世居于此的土家族，也有明末清初陆续迁入的苗族、侗族，还有明初迁入的卫所军户。不同的文化传统产生不同的生活方式，形成不同的民居建筑形式和特色聚落。四是不同的商贸和文化联系。恩施古代社会与外界联系主要依靠通航的河流和盐道，长江、清江、酉水、乌江，加上通向川东的盐道，与湖湘、川东以及贵州有较多的经济、文化联系。外界交往联系附带着人群的移动迁徙，也使相关区域的村落带有浓浓的域外文化特色。

这些多样性特征体现在传统村落的文化内涵之中。传统村落文化可以分为物质文化、制度文化和精神文化三类，具体表现为六种：

一是村落选址及其周边环境。不同民族对于环境与土地资源有着不同的认知。譬如土家族有着狩猎采集和游耕的传统，他们偏爱林间坡地。卫所军户大多来自长江中下游，又有武力支持，占据河谷坝子，建立屯堡。而侗族移民喜欢开发弯曲平缓的小河、小溪等小流域。自然环境不仅是村落文化得以发展的空间，也是村落文化的重要组成部分。

二是生产生活方式。传统村落社会的重要特点之一是自给自足，是在特定的环境空间中建立一个完整的生产生活系统。不同的民族文化传统与不同的地理环境相结合，形成村落各自不同的生产生活方式，这是村落文化生成的基础。传统村落不仅是人们的生活居住空间，还是他们的生产空间。

三是社区结构。传统村落的主体是人，村落成员扮演着不同角色。不同时代、不同民族文化传统、不同生产生活方式的村落，村落共同体的构成有差异。这种差异体现在村落成员的相互关系上，也体现在村落建筑的结构和分布上。

四是习俗体系。传统习俗是乡村社会的文化制度，起到传承历史记忆、规范言行举止和提供善恶准则的作用。主要体现在时令节庆和人生礼仪上，几乎无时无处不在的礼仪和禁忌，很能体现民族的历史文化传统。

五是宗教信仰。村落内部有自然神灵崇拜和祖先崇拜性质的民间信仰。具体表现为除思想观念的信仰外，还有仪式活动和举办仪式活动的场所。

六是文学艺术。主要表现为民间故事和歌谣，还有原本流行于市井的说唱曲艺等类型的民族民间文艺。由于当下社会对非物质文化遗产的重视，原本依附于各种仪式的民族、民间艺术成为传统村落的文化内容。

上述历史渊源和文化内涵，理论上普遍存在于各个传统村落之中。不过，社会发展与转型及其相应的城市化浪潮，已经不可逆转地发生在每个地区，包括文化遗存相对较多的传统村落。今天的传统村落更多只是历史的遗存。因此，我们能够挖掘和保护的历史文化传统，可能只是残缺的碎片，甚至只有历史记忆中非常短暂的片断。

## 五

如何再现传统村落的历史场景，讲好逐渐远去的传统村落历史与文化故事，是丛书编委会追求的目标。

对于已经选定的某个传统村落而言，首先是梳理村落形成、变迁、繁荣以及衰落的历史过程。不同的历史时期，不同的自然环境，不同的文化生态，会形成不同的村落形态，包括各种物质设施和文化制度。

其次是挖掘保护尚存的历史文化遗迹，包括物质和非物质文化遗产。对文化遗产，特别是民居建筑这类物质文化遗产，当地已经进行了比较全面的调查和保护。对于其他类型的物质文化遗产和非物质文化遗产，还有大量的工作要做。

再次是分析评估传统村落的文化意义价值，特别是时代类型和民族文化类型的代表性意义。评估其价值需要更加广阔的视野，需要站在整个区域甚至整个民族的高度进行评估。

最后是为珍贵的历史遗迹建立系统性的档案，并在村民中形成共识。这是对民族复兴和乡村振兴的文化支持，是保证宝贵文化资源得以开发利用必须要做的，也是进一步挖掘和更好地保护村落文化遗产必须要做的。

政协恩施州委员会长期关注民族历史文化的保护抢救，并充分利用人才优势，不断组织推动各种文化史料的编写出版，"恩施州传统村落历史文化丛书"就是众多成果的其中一项。希望借此为推动民族文化复兴尽一份绵薄之力，为推动乡村振兴贡献一份力量。

"恩施州传统村落历史文化丛书"编委会

2021年10月

# 目录 Contents

概述 ...... 1

走近 ...... 25

耕读传家——凉水埠村 ...... 26

古道驿站——石垭子村 ...... 45

幽谷佳地——石门村 ...... 58

稻花飘香——三里坝社区 ...... 68

高山仰止——望坪村 ...... 87

文兴之地——卸甲坝村 ...... 101

花果之乡——花果坪社区 ...... 116

屯垦之地——猫儿坪村 ...... 139

深山文苑——摩峰村 ............................................. 149

盐道古镇——田家坝村 ......................................... 162

江畔乡居——粟谷坝村 ......................................... 173

观景之阳——双土地古街 ..................................... 189

景阳雄关——长槽村 ............................................. 203

# 遗珍 ................................................................... 217

# 后记 ................................................................... 243

# 概述

/Gaishu/

# 千年古县的历史沧桑

  建始县位于湖北省恩施土家族苗族自治州东北部,处在北纬30°06′~30°54′、东经109°32′~110°12′之间,东连巴东县,以野三河为界;西接恩施市,以太阳河为界;南邻鹤峰县,以长河、茶寮河为界;北与重庆市奉节、巫山两县接壤。全县区域面积2666平方千米,截至2020年末,户籍人口约51万人,是土家族、苗族、汉族等多民族聚居区。(资料来源:2020年建始县政府统计数据)

  建始县历史悠久。远古时属巴国地,唐虞夏商时期属荆、梁二州之地,周朝为夔子国属地,春秋战国时期为楚国巫郡属地,秦朝为南郡属地,汉朝仍为南郡属地。

三国时期吴永安三年（260年），吴国分巴东郡西部地方设置建平郡，同时在建平郡内设置建始县。

西晋泰始四年（268年），建始县为晋所攻占，归属晋新建的建平都尉。西晋咸宁元年（275年），改建平都尉为郡，建始隶晋改建的建平郡。西晋太康元年（280年），西晋灭吴，占吴之建平郡，并以其属荆州。太康五年（284年），撤销建始县，不久复立，仍属荆州建平郡。东晋时期，建始属东晋领土。太宁元年（323年），曾被成汉政权攻占，旋即归复。永和三年（347年），东晋灭成汉，自此，建始由东晋的边境县变为内地县。南北朝刘宋时期，元嘉后期至大明后期（441—461年）中某一年，建始县被废置，其地归属巫、秭两县。南北朝北周建德三年（574年），设立业州、军屯郡、建始县三级行政机构。业州隶属于益州（今成都）总管府；业州领一郡，即军屯郡；军屯郡下辖一县，即建始县。三级政区同地，治所同城，即今建始县三里槐坦州基山下的棉花坝。

隋开皇三年（583年）十一月，撤销军屯郡及建始县，保留业州，以州治民。开皇五年（585年），恢复建始县建制。大业元年（605年），废除业州，所属建始县划归清江郡管辖。唐武德元年（618年），复置业州，建始县自清江郡划出，以业州辖建始县。唐贞观八年（634年），再次撤销业州，此后，业州再未复置，建始县归属于黔中道施州清化郡。唐天宝时期（742—755年），建始属清江郡，隶江南道。

宋代（960—1278年），建始属夔州路总管府。北宋时期（960—1126年），建始治所从今棉花坝迁至今业州镇。

南宋景炎元年（1276年），蒙古占领施州及所辖建始县。建始县仍属夔州路。元至正二十二年（1362年）至明洪武四年（1371年），明玉珍及其子明升以四川为主建立农民政权，自称皇帝，国号大夏，改施州为施南万户府，建始属之。

明洪武四年（1371年），明王朝平夏，复立施州，领建始县，属夔州府。洪武二十三年（1390年），裁撤施州，原清江县地并入施州卫军民指挥使司，建始改隶夔州府直辖，施州卫军民指挥使司改隶湖广都指挥使司。

清初，建始县属夔州府。雍正六年（1728年），改施州卫为恩施县。雍正十三年（1735年）改土归流，恩施县升为府，更名施南府，属湖北布政司。乾隆元年（1736年），建始县由夔州府分隶施南府，直至宣统三年（1911年）清王朝灭亡。

民国元年（1912年），实行新政，废府存县，建始县直属湖北省。自1949年11月5日建始解放至1983年8月18日，建始县属湖北省恩施地区辖。1983年8月19日后，建始县属湖北省恩施土家族苗族自治州辖。

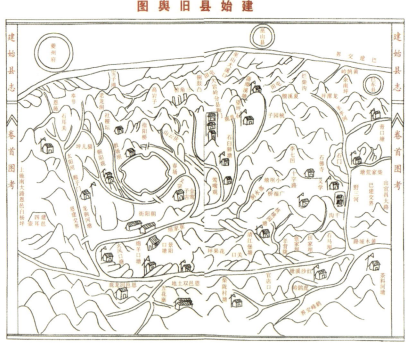

清同治五年（1866年）版建始县地图

截至2019年末，建始县辖7镇3乡，43个社区，367个村，3597个村（居）民小组。

在漫长的历史岁月中，建始的历代先民在这片热土上辛勤耕耘，为后人留下了许多珍贵的文化遗产：有元末农民起义大印、施州卫千户所百户印、永历诰命、青铜编钟、双虎钮錞于等历史文物；有长梁头坝崖葬群和大井坡崖葬群、宋代建阳宝塔、宋状元詹邈故居遗址、宋代村落遗址、明代朝阳观、石柱观、向王城遗址、清代文庙、五阳书院、容美土司大寨遗址等；还有红军留下的遗址和遗物。建始高坪巨猿洞，是我国首次发现的距今195万～215万年的直立人与巨猿共生的化石点。

建始县1700多年的建县历史，蕴含着建始县历代先民的劳动创造，沉淀着丰富灿烂的历史文化，是一部从古代文明走向现代文明的发展史。

## 万山丛中的巴盐古道

建始县处于武陵山脉和大巴山脉的接合部，域内多丘陵山地，有着深厚的古道文化。

到清雍正末年，建始共辟四条人行大道。最早的一条即建始至巴东古道，系由建始城南郊的玉峰口经槐子坦、棉花坝、河水坪、高店子、石门河通向巴东，再由水路上夔州。另三条是通往巫山的，即建始城至巫山、望坪至巫山、高店子至巫山，都是以运盐为主，俗称"盐大路"。这三条大道未直达夔州，而是通过巫山与夔州相通。

清乾隆元年（1736年），建始由属夔州府改隶施南府后，虽然隶属关系变更，但食盐这一生活必需品仍从夔州运入。于是以花果坪为中心，建始首先打通了两条盐运道：一条是花果坪至奉节的盐运大道，其路线是经鹞鹰坡、黄口坝、十字路、望坪、天生桥、铜鼓包通往奉节；一条是花果坪至鹤峰的大道，其路线是自花果坪经范家、石板溪、绵羊口、红土溪通往鹤峰。这两条大道的建成，使花果坪成为货物集散地，特别便于食盐经鹤峰运往湖南，达致川盐济湘。

此外，建始还开辟了县城经白杨坪到施南的驿道。

以恩施为府治中心，清道光年间两条大道相继开辟：一条是施宜大道，自恩施经建始红岩寺、高店子达宜昌；一条是施巴大道，自恩施经建始红岩寺、高店子达巴东。这两条人行大道即人们所称的"中大路",开辟后同时成为驿道。

明清时期,全县有3条官办驿道、8条主要大道,总里程约834.5千米(1669华里)。三条官办驿道中,一条是建始县城至巴东道,又叫"巴盐古道",途经马水河、小坝、干沟、石门河、连三坡、菁口进入巴东县境的三尖观,县境里程73千米(146华里)。一条是建始县城至恩施道,途经牛角水、由龙驹河进入恩施境,县境里程15千米(30华里)。一条是宜昌至恩施道(又称"施宜大道")过境段,途经高店子、广福桥、石垭子、核桃园、土鱼河、红岩寺、百步梯进入恩施境,县内里程32.5千米(65华里)。清末,驿道成为人行大道。

建始至官店古道(郎正邦 摄)

普渡桥(龚志祥 摄)

8条主要的人行大道,总里程为714千米(1428华里),其中有3条是盐运大道。一条是建始至巫山道,经板桥子、上坝塘、桐木溪、铜鼓包,进入巫山境,县

内里程 60 千米（120 华里）。一条是建始至巫山道，经板桥子，于上坝分路，经蒲塘溪、天鹅池进入巫山境，县内里程 60 千米（120 华里）。一条是建始至奉节道，经茅草坝、杉木梁子、横槽进入奉节境，县内里程 35 千米（70 华里）。一条是建始至恩施道，经猫儿坪、鞍子门、麂子渡至恩施太阳河，县内里程 15 千米（30 华里）。一条是建始至鹤峰道，沿建巴驿道至河水坪分路，经红岩寺、花果坪、景阳关、清江中渡口、战场坝、官店口、大庄进入鹤峰境，县内里程 245 千米（490 华里）。一条是建始至长阳道，沿建鹤道至花果坪分路，经黄木垭、桃符口进入长阳县境，县内里程 75 千米（150 华里）。一条是花果坪至巫山道，经鹞鹰坡、黄口坝、十字路、望坪、天生桥、铜鼓包进入巫山境，县内里程 184 千米（368 华里）。一条是恩施至巫山过境道，至县城后，途经龙门子、当阳坝、横槽进入巫山或奉节境内，县内里程 40 千米（80 华里）。

其实，建始的古道远远不止上述十几条，还有建始通往重庆碚石的古盐道、花果坪通往巴东清太坪的巴盐古道、高店子通往重庆碚石的古盐道、恩施通往长阳资丘古盐道建始段，等等。境内驿道和人行大道的开辟以及沿线各点人行道的辐射，使得以人力运输为主要手段的交通网络逐渐形成。

建始最古老的集市与村落基本上都分布在各驿道和大道上，其中，施宜大道上集市最多。施宜大道好比一根线，而高店子、广福桥、石垭子、核桃园、土鱼河、红岩寺等集市就如串在这根线上的明珠。川盐入湘古道上除了有花果坪、双土地、官店口等集市外，还有清嘉庆元年（1796年）修建于清江北侧悬崖绝壁上的景阳关，它以险要的地势彰显先民的智慧。在建始北部边陲，通往重庆的建巫古道上，有设于清乾隆年间的大岩岭县丞衙署，见证了建始县历史的变迁。

作为恩施地区和其他地区重要交往通道的施宜古道、石门河古道、川盐入湘古道、建巫古道以及这些古道上的石垭子老街、高店子古驿站、双土地老街、景阳关、县丞衙署等，都是建始跨越历史长河所留存的珍贵段落。这些古道不仅为区域内的土家、苗、回、汉等各民族交往交流交融做出了贡献，而且在某些特定的历史时期，更是促进了中华民族共同体意识的发展。

施宜古道野三河段（宋传轩 摄）

# 传承文脉的乡村聚落

　　建始县历史悠久，文化底蕴深厚。历代保留下来的传统集镇和村落，记录着历史变迁，承载着文化积淀，形成了独特的乡土文化，传承了丰厚的乡村文脉，是建始人寄托情感的家园，也是建始人乡愁中的文化情怀所在。

　　宋元时期，建始乡间无大型集镇记载，主要为小型村落，是人口相对集中的集居区。20世纪70年代汉鱼公路（今318国道）修建时，沿线发现了部分宋代古村落遗址，这些古村落遗址均分布在恩宜古道上。建始县的乡集镇开始形成于明代，到清末初具规模。随着时代的发展、行政区划的变化以及经济贸易的需要，乡间集镇也不断兴衰更替。

　　清雍正七年（1729年）清丈时，县城外的草纸街仅有30余家市肆。乡间的板桥子、红岩子、高店子、花果坪也仅20家或30余家。到清同治五年（1866年），城乡集镇初具规模,达 30 多个。到清末,建始县已经形成乡集镇 40 个左右。其中规模较大的除县城外,有长梁子、下坝观、三里坝、红岩子、石垭子、高店子、花果坪、官店口等 8 个集镇,当时号称建始"四镇八集"。最具盛名的是长梁子、高店子、三里坝、花果坪、官店口,被称为建始五大古老集镇。民国时期的 22 个乡公所驻地,也成为传统村落。随着社会的发展和时代的变迁,不少传统村落已经逐渐消失,部分新的村落又逐渐形成。

建始县城草纸街(宋传轩 摄)

建始的传统村落的主要特点:一是大部分集市分布在古驿道和古大道附近;二是具有深厚的人文历史;三是民族习俗和民族风情高度融合。

在建始通往恩施的古道上,有一个最大的集市西乡猫儿坪,核心点是清嘉庆年间武进士李纬光、李逢春(派名李正崇)父子故居。父子二人中武进士后,李纬光任江苏徐州卫守备;李逢春任山西得胜路守备,后升任御侍卫千总。猫儿坪吕家湾百善坡为辛亥革命志士吕大森故居所在地。

建始通往重庆碚石的古盐道上有茅田集镇。民国时期，恩巴（恩施至巴东）公路通过茅田集镇，茅田为恩巴段中心委派站。西南军粮接运队在茅田设有汽车修理厂及办事机构。

建始通往重庆巫山、奉节的古盐道上有板桥子、杜家坝、下坝观、黄土坎、头坝堰、长梁子、石臼驿、天生桥、银匠坪等集镇。下坝观是一个地势平坦、面积两千亩以上的大平坝。据《建始县志》（同治五年版）记载：清道光年间，该居民点已是建始北乡的重要集市，并且街头东北侧小山包上建有一座庙观，人们称其为"下坝观"。"头坝堰崖墓葬群"于1992年被公布为湖北省"第三批省级文物保护单位"。崖墓葬群共3组17座，为宋代或者更早时期的崖墓葬群。长梁子也是川鄂古道上的重要村落和集镇。民国时期，这里是生漆和茶叶集散地，著名漆商施茂林在这里收购建始生漆，然后销往全国各地。抗日战争时期，湖北省立第一小学迁至长梁子，促进了长梁文化教育事业的发展。银匠坪集镇位于大岩岭山脚的一个大平坝，不仅是大型传统村落，也是川鄂两省交界处有名

长梁头坝堰崖墓葬群（郎正邦 摄）

的大牲畜交易场所，每年有近千头骡、马、牛及数千头生猪在此交易，它也是建巫边陲极为活跃的农贸市场，为清代中期建始北乡九大集贸市场之一。清乾隆五十一年（1786年），银匠坪设有大岩岭县丞署，于咸丰六年（1856年）裁汰。据《光绪湖北舆地记》记载，光绪年间，大岩岭是建始除县城外设有县丞署的唯一一个镇。县丞署被裁汰后，该地设有大岩岭铺。随着交通条件的逐步改善，古道逐渐被废弃，银匠坪集镇最终完全消失。

施巴古驿道和施宜大道上有龙潭坪、石门河、高店子、麻扎坪、广福桥、石垭子、核桃园、土鱼河、红岩寺等集市和村落。龙潭坪早在清中叶即为建始东乡重要集镇，但仅有几十家简陋店铺。清道光二年（1822年），时任黄梅县教谕的史铭桂到恩施，途经此地，写下《宿龙潭坪》一诗。其中"一廛数十家，家家瓦都木"，描写了龙潭坪农家木屋的特点和民家习俗。高店子地处施巴古驿道和施宜大道的交会处，由于东往巴东、宜昌，西至施南的商贾、官员、差役，必须经此来往，因此，早在清朝中期，这里即已成为建始东乡的重要市肆。麻扎坪即古之"马扎坪"，为全国重点文物保护单位"建始直立人遗址"巨猿洞所在地。石垭子早在清朝中期就是建始东乡有名的乡村集市。距石垭子约7.5千米（15华里）处的桃园，原名核桃园，又名落水洞。清乾隆十六年（1751年），施南府同知商盘所写《核桃园》一诗有"停鞭核桃园，渐近建始县"之句。清道光二十年（1840年），知县袁景晖写《落水洞》一诗，说明这里自古就有两个名称。距落水洞7.5千米（15华里）的凉水埠村，是晚清至民国时期形成的村落，为北洋政府陆军中将吴经明、民国政要吴国桢父子的故居所在地。施宜大道上的多处古村落遗址，有力地展现了施巴驿道和施宜大道上古代村落的悠久历史。

建巴古道上有棉花坝、河水坪、三里坝、大兴场、望坪等村落。棉花坝为古业州遗址。河水坪早在明清时期就形成了集市，这里的老村是闻名于全国的"打喜花鼓"《黄四姐》的传承地。大兴场集市形成于清代中晚期。望坪村落大约形成于明代。

长梁子古村落（宋传轩 摄）

川盐入湘古道上有花果坪、景阳关、双土地、官店口等集市和村落。花果坪被人们称为"小汉口"，每逢场期，过往客商云集，繁荣景象被喻为"饿马奔槽"。景阳关位于清江河北岸峭壁之上，巍然耸立。关口北侧的大道两旁也有一条街道，街道内开设旅店商铺，供往来客商食宿。双土地老街位于清江南岸，集市形成于清顺治年间，古时一半属恩施，一半属建始，因而这里建过两个土地庙。官店口是川盐入湘古道上的重要集镇，官店的文化亦吸取古巴人的文化元素，其中的武丧风俗是典型例子，为巴文化的发展和传承提供了实证。

花果坪通往巴东清太平的巴盐古道上，有一个叫田家坝的集市，早在清道光初期就成为建始南乡七大集市之一。清雍正年间，巴东田氏家族迁徙至此，在盐道两旁摆摊设点，卖药材、售生漆、销篾货（竹器），这里逐渐形成集市。

传统村落是中国历史文化的重要组成部分，是各地各民族人与自然和谐相处、物质与非物质文化遗产完美并存且不可再生的文化精髓和空间记忆。建始的传统村落正是见证这块土地上人与自然融合，土家族、苗族、汉族等各民族融合以及物质与精神文化融合的实物载体。

## 巧夺天工的建筑文化

建始传统村落的建筑分公共建筑和民居建筑两大类。

传统公共建筑包括庙宇、祠堂、亭台、楼阁、牌坊、桥梁等。建筑结构大多是石木结构和砖木结构，以石为基础，基础之上为石垒承台，承台上放磉石。木柱立在磉石上，承台的前后或四周砌有石台阶供人员上下。柱底磉墩造型一般为单鼓或双鼓，鼓下雕刻有四虎捧鼓、四狮托鼓、猴棒撑天等画面。

花坪吊脚楼（郎正邦 摄）

这类建筑的屋顶形式分庑殿、歇山、挑山（或称悬山）、硬山、卷棚、攒尖6种。庑殿由五脊（一条平脊、四条斜脊）四坡组成，屋角和屋檐向上翘起。歇山即在庑殿顶两端加两山，形成四坡、一条正脊（平脊）、四条垂脊、四条戗脊（垂脊下端处折向的一条）和两个垂直的三角形墙面（称"山花"）。挑山（悬山）为双坡屋顶，屋面两侧伸出山墙之外。硬山同悬山一样为双坡屋顶，不同的是两侧山墙同屋面齐平或略高出屋面。卷棚顶亦为双坡屋顶，其特点是两坡相交处成弧形曲面，无明显的屋脊。攒尖顶是平面为圆形、方形或其他正多边形建筑物上的锥形屋顶。庑殿、歇山或作单檐，或作重檐；四角、六角、八角屋顶，垂脊攒尖，上为实顶，如县城西街六角亭、奎星楼；圆形屋顶无脊，上小下大，层层套盖，如文昌宫、建阳宝塔。庑殿、歇山、攒尖、卷棚等形式多用于宫殿、寺庙、教堂，挑山（悬山）、硬山等形式多用于祠堂、学校。民居大部分为挑山（悬山）屋顶，也有少数为庑殿、歇山、硬山式的。人们以画、雕、塑为工艺，以亭台楼阁、树木花草、飞禽走兽、历史故事、神话传说等为题材，以形形色色的花纹为镶边，装饰于建筑结构各部位，如朝阳观，墙壁上绘有"白鹤寿星""苏武牧羊"等内容。

朝阳观古建筑（宋传轩 摄）

祠堂为氏族公共建筑物，用于本族聚会，祭奠祖宗，制订和执行族规及娱乐等。县内较大的祠堂有县城北街的向氏祠堂，东街的冉氏祠堂，西街的龙氏祠堂、饶氏祠堂，于家坝的于氏祠堂，猫儿坪的李氏祠堂，七里坪的刘氏祠堂，凤凰的黄氏祠堂，花坪的田氏祠堂，唐坪的谭氏祠堂，大牌的杨氏祠堂，凉水埠的吴氏祠堂等。

牌坊是封建时代为表彰忠孝、节义、功德、科第等的建筑物，有贞节坊、三元坊、百岁坊等。牌坊必须奏请皇帝批准下旨后方能建立。明正德七年（1512年），《夔州府志》记载，建始县有三座牌坊：状元坊、承流坊、宣化坊。状元坊是为北宋状元詹邈而立。清嘉庆版《建始县志》记载，姚张氏牌坊在县城南一里，为贞节牌坊。清道光版《建始县志》除记载有姚张氏牌坊外，还记载有张刘氏牌坊，也是贞节牌坊，建于嘉庆二十五年（1820年）。另有一座烈女牌坊，约建于清道光二十年（1840年），为巴东籍田烈女而建，地址在惠远桥南端。知县袁景晖为牌坊石柱题联曰："祇看乞女承天宠，信识贞魂映月辉。"县境内著名的牌坊还有猫儿坪的御前夏牌坊，系为嘉庆年间御前夏侍卫李逢春而建。长梁黄土坎的邱家牌坊，是清乾隆二十三年（1758年）邱裕霖为父母墓而立的三门三台青石单牌坊，宽8米，高5米，附属建筑有石围杆、石狮、大五镶带鼓石碑。现全部被毁。

清代到民国时期，建始传统村落居民住宅依据造型和布局分独立式和庭院式，在结构上均属传统的木架结构、石木结构和土木结构。

独立式住宅为乡村和乡集镇中传统住宅，即每户只有一栋建筑物，其房舍为栋宇型。这种房屋结构从侧面看呈"人"字形，屋面为双坡或四坡。构造上以四个山墙砌成三大间，每大间分隔成两小间。中间一间为堂屋，两侧为房，故称"明三暗六"。堂屋以屋脊靠后第三梁处打一间壁，前为厅，称堂屋，为会客或红白喜事兼作饭厅用；后为"后道"，多作厨房、火塘之用。两侧房的间墙多以屋脊为界，一分为二。部分独立式房屋可在其任意一侧垂直建造一至两间房屋，使整幢房子呈曲尺形，俗称"钥匙头"，与正屋垂直部分则称厢房。有的则在两侧各建一至两间厢房，称"撮箕口"。有的独立式房子在屋的任一山墙头搭建一偏水，又叫"扑角"，作厕所和厩圈之用。

庭院式房屋在结构上属群式建筑，分主体和配属两项工程，多为一进两幢式。

一进两幢的房舍布局，叫上下幢带天井，通常以两幢明三暗六的布局前后砌筑，两侧配以厢房，中间为天井。整个建筑呈"回"字形。一进四幢的房屋有两个天井，有的在两个天井之间建一个高出正屋的攒尖式亭子，称为"亭子屋"。清朝至民国时期，大户人家多建造"亭子屋"。

庭院式布局的另一种形式是以院落、主房及配属厢房所组成。在主房和厢房前用土砖或石头砌成围院，围院前建楼门。清代与民国时期，建始乡镇中的富户大多建造庭院式房屋，甚至由数栋庭院式房屋组成大型屋场乃至村庄。如花坪镇大石板村李启龙故居，为其父李彩凤所建，现今主房、左侧厢房、楼门等大部分建筑尚存。朱和中故居是民国时期修建的庭院式民居，位于建始花果坪镇新街，为木石结构双进四合院，主要建筑有中堂、客室、卧室、膳室等，占地面积801.4平方米，为单脊歇山式。房屋建有棋盘式窗花、青石大门，内有二重天井。天井全部用方条石镶嵌，采用青石地平。

建始传统村落中还有一种徽派建筑风格。徽派建筑以砖、木、石为原料，以木构架为主。梁架多用料硕大，且注重装饰。明末清初，湖广填川，南方建筑匠人将徽派建筑艺术带到建始，不少村庄运用了这种建筑艺术，比较出名且尚存遗迹的有花坪镇老街、沈家荒村碾盘槽张家屋场、中国传统村落田家坝村老街、官店镇摩峰村张家老屋场等，都属典型的徽派建筑。

建始传统村落建筑结构主要为土木结构、砖石木结构、木框架结构三种。低山地区以土木结构、石木结构为主，二高山地区、高山地区以木框架结构为主。土木结构房屋需要在基石以上筑土墙，石木结构房屋则在基石以上用三合泥浆砌石墙。这两种结构的房屋横梁与檩条搁置在山墙上。木框架结构的房屋属立站式，俗称"框架屋"，其架构为由多根柱子和穿梁穿成山架——"明三暗六"型房子由四排山架组成，横梁与檩条穿在柱子中，檩条上面用铁钉钉上椽角以便于盖瓦。柱子的根数由房屋的大小决定。每排山架5根柱子的称"五柱七檩"，7根柱子的称"七柱九檩"，9根柱子的称"九柱十一檩"。柱子之间用木板镶成板壁。还有在木框架外面砌筑石墙或砖墙的，也有在石墙上立人字形架木的。

田家坝村六组老房子封火墙（龚志祥 摄）

龙坪乡吴家湾夯土墙盖木板瓦民居（郎正邦 摄）

建始还有一种具有浓厚土家族建筑风格的吊脚楼。吊脚楼多依山就势而建，呈虎坐形，以"左青龙、右白虎、前朱雀、后玄武"为最佳屋场。后来因讲究朝向，吊脚楼或坐西向东，或坐东向西，或四维向。吊脚楼属于半干栏式建筑，最基本的特点是正屋建在实地上，厢房除一边靠在实地和正房相连，其余三边皆悬空仅靠柱子支撑，一般为楼上住人，楼下作猪牛栏或杂物间。吊脚楼有鲜明的民族特色。优雅的"丝檐"和宽绰的"走栏"使吊脚楼自成一格、摆脱了"栏杆"的原始性，具有较高的文化品位，被称为巴楚文化的"活化石"。

民居盖屋面的材料大部分是青瓦，高山地区也有用盖簝竹、茅草、杉木皮或木瓦的。石材好的地方也有用薄石板盖屋的。清代史铭桂所写《宿龙潭坪》诗写到："一廛数十家，家家瓦都木。荆妻倘言念，谁知在板屋。"柯煜所写《宿建始农家》诗有"酒用芦管吸，屋取木皮盖"之句。清道光年间，知县袁景晖在《山行偶记》诗中描述高山农家的贫苦生活："几撮山苗生石罅，数椽茅屋傍云涯。"这些诗句都描述了建始古代民居建筑概貌。

高坪镇石门村夯土墙盖石板瓦民居（郎正邦 摄）

古代房屋建筑十分讲究时空观念。空间格局主要包括地基的选择、朝向及建筑规模。在地基选择上,人们注重地形地势,依势而建。一般来说,要选择依山傍水、藏风聚气的地方。花坪有一副民居楹联描述了这种依山傍水的宅基地:"前川蛟龙曲直波波奔腾下东海;后脉猛狮巍峨绵绵飞驰上南山。"屋后不能有山垭,否则叫"前空后垭,代代出孤寡";门前不能对白岩,否则叫"白虎当堂坐,无灾必有祸"。在朝向选择上,人们一般选择坐北朝南、坐东朝西、坐西朝东或"四维向",不能选择朝正北方向,否则"北风扫堂,家败人亡"。房屋高度不能超过1丈8尺8寸,落地的柱头不能达到或超过100根,即高度和规模不能超过衙门,否则被视为"犯上"。在时间观念上,人们讲究择期而建,还要举行复杂的上梁仪式。

业州镇鹞坪村三层夯土墙民居(郎正邦 摄)

## 水乳交融的民间文化

建始的汉族、土家族、苗族等各民族文化在共同发展过程中相互交流、影响、变化、融汇，形成十分丰富的民间故事、歌谣、谚语、舞蹈、器乐等民族民间文艺，一直以言传身授的方式在民间流传，数量丰、形式多。民族民间舞蹈有丧葬类舞蹈，如跳丧鼓等；节庆类舞蹈有打喜花鼓、舞狮、玩火龙、花鼓灯等；劳动和生活歌谣有高腔山歌、五句子情歌、赶山号子、抬工号子等；民间器乐主要有丝弦锣鼓、南乡锣鼓、薅草锣鼓等。这些民族民间文化艺术都具有浓郁的地方特色，大部分被列入湖北省省级非物质文化遗产名录。

建始流行的民间歌舞主要有打喜花鼓、跳丧鼓、巫舞、花鼓灯、车车灯等。

打喜花鼓是一种流行于建始三里乡、高坪镇、红岩寺镇一带的喜庆舞蹈。一般在给小孩做"满月"或"打喜"时，送"祝米"之亲友用来娱乐，舞者往脸上抹锅灰，其中，男的戴破草帽，手执烂扫帚、破巴扇之类，边舞边唱边笑，主人则以鞭炮助兴，气氛异常活跃。打喜花鼓的歌曲主要有《闹五更》《黄四姐》《苏州打货杭州卖》《十爱姐》等。

丧鼓，又称闹灵歌、撒儿嗬等，有跳丧舞、转丧舞、坐丧鼓三种，其中以跳丧舞最为著名。跳丧是运用艺术手段，以乐的形式表达哀的内容的一种特殊

花坪火龙（郎正邦 摄）

的群众性歌舞，有鲜明的民族地方特色。跳丧时人们以鼓、堂锣、马锣伴舞，舞姿古朴稚拙、粗犷热烈，舞步飘逸、略呈醉态。主要舞蹈动作分别摹仿狩猎、农事活动和日常生活中的某些场景，表现人们对生活和生产活动的观察、理解与感受。演唱曲目因具体地域不同而有所差异。

薅草锣鼓即干牌子锣鼓，以鼓、大锣、钹（二幅）、马锣、唢呐为演奏器具，用于婚丧嫁娶、修房盖屋、祝寿、玩灯等活动，有《狗扯羊》《驾马》《安花》《清早起》《红绣鞋》等曲牌数十个。干牌子锣鼓用于农忙薅草时，叫薅草锣鼓。薅草时，东家请来锣鼓师傅从早到晚在田间吹吹打打。这个活动中夹有歌唱田歌、歌声与锣鼓相间，以指挥劳作、激发热情、提高工效。干牌子锣鼓流行于花坪至官店一带。

建始丝弦锣鼓诞生于清朝嘉庆年间，距今已有两百多年的历史。长梁乡是建始县丝弦锣鼓的发源地和传承地。丝弦锣鼓由干牌子、吹打牌子、堂牌子和

《建始县丝弦锣鼓教程（试用本）》首发仪式（龚志祥 摄）

丝弦4个部分组成。人们将打击乐器（锣、鼓、钹等）和管弦乐器（京胡、京二胡、月琴、竹笛等）结合在一起，吹打相间，成套联缀，使得演奏节奏鲜明、旋律活泼。丝弦锣鼓能在各种庆祝活动中表达十分丰富的内容，被广泛应用于婚嫁、丧葬、修房、祝寿、玩灯等活动中，有"土家人的交响乐"之誉，是建始特有的文化活动形式，亦属湖北省省级非物质文化遗产。

建始南乡锣鼓发源于高坪镇干沟村，广泛流传于高坪、三里、龙坪、红岩寺、花坪等乡镇。

建始灯会，又称"上元灯会"或"灯节"，是一种春节期间的综合性游艺晚会，一般于农历正月初九出灯、元宵夜圆灯。一般由集镇或村落组织。其表演形式有龙灯、狮子舞、采莲船、蚌壳精、莲湘舞、踩高跷等。最具特色的是花坪和长梁的"舞火龙"。

清朝中叶，建始县内就有流传的戏曲傩戏、灯戏等演出活动，多于庙会时表演。

建始神话传说有创世神话、人物神话、地名神话、姓氏神话、动植物神话、习俗神话等。流传最广的创世神话传说是伏羲姊妹、张果老和李果老等人物神话。人物神话很多，流传最广的是罗阳秀才、鲁班、七仙女等的传说。地名神话传说有石马洞、石鼓门、一碗水、滚龙坝、照京岩等。姓氏神话主要涉及有关姓氏的来源。动植物神话传说亦丰富多彩。另有不少民族节日、风俗、习惯和禁忌方面的传说。

建始民间故事有鬼怪故事、爱情故事、生活故事、机智人物故事、吟诗作对故事，以及童话、寓言、笑话等神话传说故事，多以爱情婚姻、惩恶扬善、道德教化、鬼神精怪、搏斗抗争以及逗乐逗趣等为主题。

建始民歌从形式上分，大致有号子、山歌、五句子歌、灯调、小调等。从内容上分，大致可分为劳作歌、生活歌、情歌、风俗歌、儿歌等。劳作歌主要是号子与山歌。

建始县以文化传承为主开展村落保护工作。自2012年住房和城乡建设部等部门组织开展全国第一次传统村落摸底调查，并公布第一批646个具有重要保护价值的传统村落名录以来，建始县重视传统村落保护工作，认真普查，积极申报，先后有花坪镇田家坝村、官店镇陈子山村列入第二批、第五批全国传统村落名录。2014年国家民委开始启动"中国少数民族特色村寨"命名工作，建始县高坪镇大店子村入列首批命名的"中国少数民族特色村寨"。茅田乡耍操门村和茅田乡太和街村分别入选第二批和第三批"中国少数民族特色村寨"。

## 天人合一的民间信仰

建始是一个多民族的县，在人口数量上汉族为多数，其次是土家族和苗族。传说巴人的祖先廪君死后，其魂魄转世为白虎。土家人认为自己的远祖是由白虎转世而来。不少地方有白虎庙，供奉白虎神。在河水坪发掘的单虎钮錞于和在革塘坝发掘的双虎钮錞于，均属春秋时代军乐器，是巴人白虎图腾崇拜的典型器物。白虎图腾崇拜世代相传，遗迹尚存，如小孩戴虎头帽、穿虎头鞋。同时，土家族人还将白岩称为"白虎"，民居门不能对着白岩建筑，否则"白虎当堂坐，无灾必有祸"。不少民歌中也有关于白虎的歌词。这些都是土家族人白虎崇拜的遗风。

除神祇崇拜外，建始县还有其他民间宗教信仰。儒教方面，建始文庙始建于元大德年间（1297—1307年），庙址在县城西门外。经明末兵燹后，原文庙被毁，清康熙十二年（1673年）改建于县城北面，康熙三十年（1691年）定址于城西北隅，此后多次重修、扩建。中华人民共和国成立后，大部分建筑被拆除，仅存大成殿和两侧的金声玉振楼，1994年4月，建始文庙被州人民政府公布为第二批州级文物保护单位。2000年10月，建始文庙遗存被迁至朝阳观北麓。道教方面，宋元以后，建始县境内建有大量道观，保存完好的为建于明嘉靖年间的望坪蟠龙山朝真观，俗称"石柱观"，还有县城郊凤冠山朝阳观等。据统计，清同治年间（1682—1874年），全县有宫、观、庙宇共40余座。较著名的除朝阳观、石柱观外，还有三宝观、云雾观、下坝观等。

景阳兴隆寺（郎正邦 摄）

据民国二十四年（1935年）统计数据，全县有佛寺220座，民国二十六年（1937年）减少到188座，分布于全县各地。较著名的除朝阳观天池寺外，还有位于申酉坪岔口子、建于乾隆三十三年（1768年）的对佛寺，位于高坪石门河、建于乾隆三十九年（1774年）的石门佛寺。历史上较有影响的还有普恩寺、永兴寺、兴隆寺、飞仙寺、观音庵、开元寺、下坝寺、冬瓜寺、白云寺、府行寺等。

这些庙、观、寺虽然绝大部分已被拆除，但从少数建筑的遗存和历史的记载可以看出：第一，建始县历史上儒、释、道等共存，相互渗透，相互影响，构成了建始宗教文化的多元性；第二，不少村落名称也就是寺庙名称，如下坝观、红岩寺、潮水寺、黑山庙、杨泗庙、三宝观、新佛寺、兴隆寺、凤凰观等，这也说明村落文化与宗教文化的某种联系。从较深的层面看，宗教尽管是人们对自然和世俗世界的虚幻反映，但是在漫长的历史长河中，它同村落文化相互渗透，使得村落文化具有明显的宗教烙印。在村落文化中，宗教的心理安慰作用、伦理教化作用、组织维系作用等都得到不同程度的反映。

# 走近

/ Z o u j i n /

# 耕读传家
## ——凉水埠村

## 八溪环绕的名人故里

凉水埠村位于建始县的中部，隶属红岩寺镇，紧靠318国道、沪蓉高速等交通要道。凉水埠四面环山，中间丘陵起伏，环抱山槽和坪坝，形成一个椭圆

凉水埠全景（郎正邦 摄）

形的小盆地。盆地约有泉眼70处，汇入8条小溪（一说13条小溪），凉水汩汩，四季不断，故名凉水埠。在过去的两个多世纪里，随着朱氏、黄氏、吴氏等移民家族的迁入和发展，凉水埠从一个巴盐古道上的偏僻村落变成引人注目的名人故里。

# 吴氏祠堂和祠堂小学

凉水埠小盆地的中央是一座四周环水的小山包，当地人习惯称之为"祠堂包"（也称"万宝"）。山上曾建有吴氏祠堂和祠堂小学，后被拆毁。现在遗址上建有凉水埠小学，校园里残存着一些祠堂建筑物，如石柱基石、石碑等。据人们回忆，吴氏祠堂是一座四进建筑。吴国桢在回忆录中曾对吴氏祠堂作了如下描述："祭祖的祠堂是这个家族骄傲的地方，它位于平地中央的一座小山上。站在这座简单建筑物的第二层上，可以在地平线上看到一圈高山，其形状之圆几乎完美。"

民国二年（1913年），吴氏家族推举吴光承为主事，动员全族人，筹集粮款，请来200多名石匠木匠，费时两年多，建起了建筑面积达2400多平方米、砖石木结构、仿江南宗祠造形的吴氏祠堂。祠堂青砖白壁、飞檐翘角，掩映在山峦四周的苍松翠柏之中。祠堂有四进。大门前，有一个面积约900平方米的操场。大门两边有吴氏族人撰写的对联："承渤海宗支，享千秋烟祀；阐尼山教化，启百代人文。"横批："光前裕后。"大门上有楼门，楼门上分左右两间，供教师批改作业。楼下第二进有一个天井，天井底部由平整的青石板铺就，周围用麻条石砌成。天井内，石雕花盆里栽有多种树木花卉，天井左右各有一间教室。第三进是厅堂，左右又各有一间卧室。第四进是祭堂，供奉有吴氏祖辈牌位。祭堂上端，悬挂有各种成功人士的功名匾牌。

祠堂小学的存在体现了凉水埠村民对教育的重视。1917年秋，时任吴氏族长的吴光承于祠堂"秋祭"之日，在全族集会上宣布吴氏祠堂小学校正式成立。

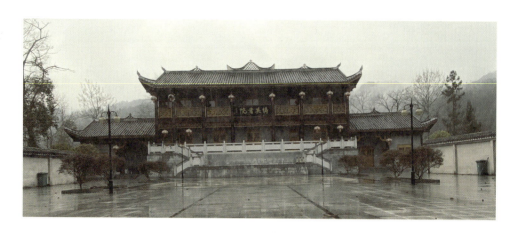

民俗文化展示中心（龚志祥 摄）

后来族规专列"教育"一章，其中，第一条规定："本宗祠须附立子弟学校。凡家族有贫寒子弟不能纳费或聪颖子弟无力升学者，得经家族会议免除或供其学费。"第二条规定："学校之课程均依公立学校之规定。"1918年，这所学校正式命名为"凉水埠吴氏宗祠私立国民小学校"。1919年，吴光承、吴光高将这所学校更名为"凉水埠吴氏铸英小学校"。1935年，凉水埠吴氏铸英小学校被县命名为"建始县立第二小学"。

更为可贵的是，吴氏祠堂小学也为其他家族的孩子提供教育机会，如建始县石垭子乡灯草湾人万程（万佐藩），在凉水埠吴氏祠堂小学读完小学后，1933年被该小学免试推荐到恩施十三中学读书。建始文史专家邹海清也曾撰文回忆他年幼时在这所学校度过的时光。

# 吴国桢故居

凉水埠有一处叫曹家湾的地方是吴国桢故居所在地。吴国桢故居现处于废弃状态。该建筑由吴国桢祖上始建于清朝嘉庆年间，距今已有200余年的历史。整座建筑为石墙加木板的石木结构，这在鄂西南属于比较少见的建筑风格。民国时期，吴国桢故居呈现为"五进四合"结构，由38间房屋、8口天井、2个庭院、1个吊脚楼、2个门楼组成,总占地面积2000平方米。庭院前沿是面积为159平方米的吊脚楼,并以石墙封闭。吊脚楼两端各建有一座门楼以代替大门。门楼两地各设19级台阶,台基用土石夯筑,阶面长4米、宽3米、高3米,既壮观又庄严。门楼分别刻有门联:"绕屋有逸兴,看绿水一溪,青山四面;传家无别业,惟薄田数亩,旧书五车""门对翠岩,美玉明珠多蕴蓄;庭有丹桂,春种秋锄好培植"。由门楼进入庭院,再经庭院进入大厅。大厅悬挂着"刚正纪念"的匾额。大厅后面是中厅,为三层楼阁,高大亭柱表面镶嵌着雕刻在黄杨木板上的一副长联:"垂钩溪边,青禾垄上,游憩市场,纵遇暴雨狂风,只求我精神快乐;勤理内政,善处外交,富强中华,虽然家危国破,还望尔子孙发达。"走过中厅便是中堂,这里是吴氏家族供奉祖宗牌位的地方,牌位前香火用具齐全,香火终年不断。中堂四壁挂有民国达官显要题赠的巨幅匾额。中堂两边各有2个四合院,后又建有东西厢房各6间,各以两口矩形天井与主体建筑相隔,使整个建筑的排水、采光和其他四口天井完美统一。故居两边各有一条小溪,常

吴国桢故居印象图(郎正邦 绘)

年流水不断，清澈见底。四旁松柏苍翠，云烟氤氲，山清水秀。吴家还在小溪上建有三座具有民族风格的风雨桥，以方便过路行人。

## 大吾门

与祠堂包相距不远的山坡上有一幢民居，石门拱窗，石门上方刻着"大吾门"三字，此为吴家定居凉水埠后修建的第一座老屋，主体建筑距今已逾200年。石门两边有吴氏三房先祖吴祚兰亲撰的门联："宅身即宅心须识存诚主敬；由户思由义所宜蹈道履仁。"该联保存至今。门楣上还有一匾，写有"惟吾德馨"。此屋始建于清嘉庆年间，坐北朝南，位于从中大路（与今318国道大体相重）进凉水埠第一个小山头旁，位置显眼，交通方便。楼房又历经多次改扩建，其外观上已明显带有欧美风格，算得是中西合璧，为地处僻远的凉水埠带来一丝新颖风貌。

大吾门（龚志祥 摄）

从建筑结构和材料来说，这座老屋已开风气之先。以往，凉水埠乃至鄂西山区，建筑材料多半就地取材，除土砌瓦盖加上石料外，就是全木结构，柱头、板壁、窗户都采用木材，窗户形式多为方框。而这栋楼有的窗户上半部采用半圆弧形,有的还添加了圆弧形的遮檐。这在当年是很夺人眼球的。房子代代相传,迄今仍结实耐用。毫无疑问,老屋是当年的工匠们以他们的聪明才智加上艰苦的体力劳作,创造的在当时享誉一方的建筑艺术杰作!

# 碑刻与匾文

在凉水埠,有一块吴祚兰亲笔为其恩师朱子华撰写的墓碑,该碑体现了当时尊师重教的价值观,也体现了朱吴两姓源远流长的情谊。此外,还有吴朝德之妻徐孺人为溺水早逝的夫君守节27年而获得的朝廷"节励松筠"旌表匾额,民国时期旌表吴朝纲妻徐恭人的"孝行可风"匾,民国政府为吴光承、徐孺人七十寿诞颁授的"俪福齐年"匾。

凉水埠还保存了一些民国政要的题赠。

(1)墓匾。离吴国桢故居不远处的一片竹林深处,有一块孙中山先生题赠吴氏先祖的墓匾。墓匾高约1米、宽约0.8米,正中位置是孙中山先生题赠、"诔词"和"褒词"。题赠为"岵屺同瞻"四个大字。"岵屺"连用喻指父母。"岵屺同瞻"可以理解为孙中山先生与墓主后人如同兄弟一般登高瞻望、悼念先祖。题赠左侧书"大总统诔词彤编垂范",右侧为"大总统褒词贤孝可风"。经专家考证,"诔词"是古代累述死者功德以示哀悼的一种文体,"彤编垂范"是对死者文章著述的称道;"褒词"是上对下的一种奖掖,"贤孝可风"意为对其贤淑懿德的褒扬。墓匾左右两侧分别记述墓主夫妇生卒年月。左边刻书"考生于道光十二年壬辰岁八月初一日辰时,殁于光绪二十七年辛丑岁正月十一日辰时"。右边刻书"妣生于道光十二年壬辰岁七月初七日子时,殁于民国十二年癸亥岁三月初九日子时"。该墓匾是吴经明祖父母,吴国桢曾祖父母吴朝纪、徐氏合葬墓遗物。吴朝纪被清王朝封为宣武都尉,徐氏被授恭人。墓匾与吴朝纪夫妻墓碑同存于吴氏祖坟旁的竹林里。据此可知,墓主吴朝纪生于1832年、卒于1901年,享年69岁;徐氏生于1832年、卒于1923年,享年92岁,合葬墓墓匾刊刻时间当为民国十二年农历三月以后。当时,孙中山任中华民国非常大总统,而吴国桢父亲吴经明1922年晋升为陆军中将,曾以军界代表身份参加南北议和会议,1923年任陆军部军学司司长;吴国桢舅父朱和中此时任孙中山机要秘书,与孙中山形如兄弟、情同手足。因为这层关系,吴经明在父亲吴光承为祖父母立碑时,求得孙中山先生题赠墓匾,以此作为对祖父母的盖棺定论。

墓匾和墓碑(龚志祥 摄)

(2)题赠。凉水埠吴氏为民国时期鄂西南的名门望族,吴国桢祖父吴光承在北京过75岁生日时,黎元洪、段祺瑞、蔡锷等政界名流为其题赠寿匾。其中,段祺瑞题赠的"俪福齐年"红绒软匾,在吴光承八十寿辰时被吴国桢父亲吴经明当作模板,另外改作一块木质寿匾挂在吴氏故居的凉亭上。

## 盐道兴铺

古盐道。在建始古代的交通体系中,巫溪大宁→天鹅池→茅田→望坪→凉水埠→落水洞→花坪→湖南的盐道和建始→三里坝→凉水埠→花坪→湖南的盐道，均须经过凉水埠，凉水埠成为两条盐道的关键节点；加之村内8条小溪之上架有9座风雨桥，行人可以遮阳挡雨，还可在桥上所设的长条凳上小坐歇息，因此凉水埠成为盐夫和过往客商落脚打尖的首选之所。因盐而兴的凉水埠，成为盐道上货物集散之地、信息汇集之所和商旅往来重镇。

风雨桥。由吴氏二房祖辈吴祚芝（字灵谷）集资所修的风雨桥，名曰"灵谷桥"。后桥毁，重修后书有对联，不久又被毁。吴经明当年辞职回乡，见溪流众多，人们出行不太方便，便带头捐款修建了一座新的风雨桥。桥的顶梁至水面高16米，桥面的两边配有长凳，桥墩是青石砌成。桥的四柱上有对联，桥的两端横梁上有题字（即"开源""节流"）。受吴经明的影响，凉水埠的朱、黄两大族纷纷行动，在1943—1945年两年间又先后修建了8座风雨桥。小溪上的9座风雨桥各具特色，全建在溪流的交汇处，像9把铁锁，把凉水埠锁得严严实实。

凉水埠的桥。从地理环境看，凉水埠称得上山清水秀，也是一块盆地。四周青山环绕，盆地中溪水环流，水田如平放之梯缓缓延伸。凉水埠是由8条小溪、12条山脉环抱着的。8条小溪最终在白岩根汇聚，向东流去，有河就有桥。在每条小河汇流的位置建了木桥或拱桥，木桥有3座，即下漕（十组）1座、大坝1座、黄家湾1座，另有石桥1座，拱桥1座，都在祠堂下方七、八、九组交界处。除这5座桥外，每条小溪上还分别设有木杆铺土的过桥数十个。

# 传统生态农业

凉水埠是低山丘陵地区，农田方面水田和旱田大致各半，几乎家家有果园和菜地，果蔬自给有余。中华人民共和国成立前，凉水埠的农田还有另一种分类法：私田、族田（宗祠田）、学田。如吴氏宗族有族田，由族长管理，其收入作为宗族祭祀时的开支。吴氏族人还有学田，其收入用作祠堂学校聘请教师的费用。粮食作物方面，主要有水稻、玉米、红薯、土豆等。主要饲养动物有猪、羊、鸡、鸭等。牛主要用作畜力，用来耕田犁地。

凉水埠一直都在使用被称为"粮猪模式"的传统生态农业方式。这种粮猪模式让农户的种植业和饲养业形成一个可循环的系统，即农家的农田、菜地、猪牛圈、山泉溪流、房舍周边的庭园等构成了一个可循环的生态系统。在这个循环农业体系中，猪和牛是关键节点。农田和菜园里的杂草等植物和人吃不完的食物用来喂猪，猪为人提供肉食，同时猪牛及人的排泄物用作肥料，回归农田和菜园。作物秸秆喂牛或当作柴火，烧出的灰又是很好的肥料。如此不停地循环，不产生农业废弃物，也不需外界的物质投入。这个循环农业体系依靠混种、间作、轮作，对野生植物和农田杂草的多种利用，维系着农业生产的正常进行，保护着农业系统中的生物多样性。凉水埠曾有一句名言："家有三堆三声，其家必兴。""三堆"是指柴堆、粪堆、粮堆，"三声"是指读书声、小儿声、纺织声。此言形象地概括了凉水埠的传统生存模式。

传统农业的功能不仅仅局限在生产食物方面，它还带来社区互动。比如插秧、薅草、收割等都会带来转工和互动。在凉水埠村，插秧是人们聚会的时机，丰盛的酒席除了犒劳大家辛勤的劳作，也是大家欢聚一堂的媒介。另一个聚会时机是薅草，过去在薅玉米田里的杂草时人们有打薅草锣鼓的习俗，有歌师三四人站在玉米地里引吭高歌，众人则在挥汗除草之时欣赏表演。

秋收是村里另一个农忙季节。因抢季节，玉米和水稻必须"抢收"，当地人叫"抢火色"，错过时间就会带来农业损失。水稻收割要趁天晴时进行，把水稻割下，经脱粒、晒干后存入谷仓。收玉米几乎是全员出动：把玉米掰下来，肩挑背驮运回家，晚上还需要把壳叶撕开，把玉米棒子悬挂在屋梁上，以便晾干。

在凉水埠，一项保存完好的传统是与传统农业方式相适应的食物系统，即主食为玉米、水稻、红薯、土豆等，副食依赖自家菜地和庭园提供，一年四季形成循环。其中黄豆对村民尤为重要，因为在动物蛋白质资源缺乏的时代，村民靠豆类补充蛋白质，用黄豆制成的名菜有合渣和豆腐。

高笕湾是凉水埠传统农业遗产的一个代表。高笕湾位于大坝东头河道之上。大坝对面有坂子田数十亩，均为吴家所有。为了使这些田旱涝保收，吴四罗汉主持修造了高笕湾。具体做法是把东边的水用"大木槽"做笕兜住，使水流向西边灌溉坂子田。水槽用约五寸厚的木板做成，宽约二尺。大沟槽做成三接头，每个接头下面分别做一个石柱撑住水槽。石柱高约五丈，看上去像座巨大的木桥，又像道彩虹，非常壮观。自从有了这个"高笕"，五组的坂子田年年丰收。这个高笕为确保农业丰收起了巨大作用，直到20世纪60年代才渐渐朽坏。

## 吴氏家祭

凉水埠村民有祖先崇拜的传统，其中凉水埠吴氏家族的家祭文化一直延续到中华人民共和国成立前。凉水埠吴氏家祭的历史不晚于清嘉庆年间，最初是在嘉庆三年（1798年）始建的凉水埠老新屋举行。民国三年（1914年），吴氏宗祠正式落成，此后家祭改在祠堂中举行。历史上的凉水埠吴氏家祭每年都有两祭——春祭和秋祭。春祭可以选在农历的正月、二月或三月的时候，秋祭则是在农历八九月份。祠堂的日常开支及祭祀活动的经费来源主要是崔坝板岩槽和大坝水田的课担收入，这笔钱还有一个重要的去向就是用作祠堂小学的办学经费。这两处田产因此也被叫作"学田"，是家族里的富户捐款购置的家族公共财产。学田由吴氏三大房轮值主持，执事则由各房内部推选，需要正直无私、热心肠，多年来从未出现过克扣贪污的情况。祭祀活动的主要开支项包括：买一猪一羊、菜蔬、酒、烟草、鞭炮、香烛和果品等，所购物资在祠堂小学一间教室里堆放着，塞得满满当当的。祭祀时要临时雇请厨子，做成40桌菜，分上午和下午两顿。祭祀需要整整一天时间，前期的准备活动从天不亮就开始了，但家祭正式开始是在上午9:00至10:00，下午5:00至6:00结束。祭祀由族长主持，全族人必须在家更衣后方可到场。族人先要在礼生（司仪）的叫礼声中跪拜祖先，遵循先男后女、先长辈后晚辈的顺序。礼生分主持礼生和普通礼生，均由族长指定，多为有文化、社会地位高、有威望的族中男性成员。主持礼生的礼词为："内外肃静，禁止喧哗。就位、跪、（一）叩首、（再）叩首、（三）叩首，兴（起身）！"全族人叩完首需要一个多小时。然后，礼生唱词，唱词内容既有《诗经》中的内容，如"蓼蓼者莪，匪莪伊蒿。哀哀父母，生我劬劳"

（《诗经·小雅·蓼莪》）。也有家族先人所编的倡导孝敬父母的歌词。祭祀环节一结束，主持礼生宣布礼成。此时，孩子们一拥而上，去抓供桌上的金果、麻圆等果品来吃。中午，大家一起在祠堂共进午餐，不允许提前离开。午饭过后，人们马上打扫和重新布置会场，进入聚会环节。这个环节主要是讨论和处理不孝、赌博、造假收据、嫖妓、借家族名声在外行骗作恶、吸食鸦片等问题。家族成员有行为不端的要当众接受处罚。处罚一般有三个级别，较轻者当众批评教育；有不孝行为者要罚跪；更严重的行为则要受马鞭抽打，但执行者通常是犯错者的直系长辈。聚会环节的最后，族长要发表讲话，族长讲话后，族人可以进行提问和发表自己的意见。之后进入议事环节，这个环节一般情况下需要半个小时，主要涉及族间大事，如生产经营合作、矛盾协调、田土买卖等，包括公田的课担收支账目也须于此时公布于众。如是秋祭，则还需提议明年的管公及经济财产问题；如是春祭，则还要议定下半年秋祭的时间。家族中若有学习成绩优秀而出身贫困家庭的年轻人，经家族会议提议，最后可由急公好义的族人来落实私人赞助。此外，族长的任免换届活动也是在议事环节中进行，先由年迈的族长主动提出，通常家祭之前就会放出话来造舆论，再适时提出下届候选人，召集族间有声望的人共同商定。当选的通常都是年高德劭的长者。议事环节结束后，大家再一起共进晚餐，然后散会。

## 故事与传说

**小河留客。**吴国桢在其回忆录中曾对故乡凉水埠有过具体的描写，称凉水埠是一块被一圈小山环绕着的比较平坦的地带，散布大约70处凉水泉。泉水汩汩流出，就好像市场里人们讨价还价的嘈杂声。从地下喷出的水在四面形成四条小溪，然后汇合成两条小河，各自流向相反的方向。有一个关于吴家一位近亲的有趣故事，与此有关。此人离家多年后回来探望吴国桢的祖父吴光承，吴光承对客人热情款待，留他住了又住。只要听到他说要走，吴光承就会殷勤地挽留他，不让他上马，也不让坐滑竿。最后客人下决心离开，就不辞而别独自上路了。但中午时分他又回到了吴家,显得疲乏而沮丧,因为整个上午他沿着小溪和小河,不论朝哪个方向走,最后都回到出发地。

"埠"字来历。有人说村中有条河,以前的河大能行船,还有码头,后来河变小,埠也成为历史记忆。也有人认为"埠"本为"铺",因为该村位于著名盐道北大道上,村中有服务来往商旅的铺子。后来,吴氏祖先迁来定居于此,为纪念祖籍地(位于长江边的监利),把铺改为埠。据考证,"凉水埠"原名应为"凉水铺",建始古代交通体系中的两条盐道交会于凉水埠,导致过往商旅甚多,又因该村 70 多处泉眼流出的水又清又凉,令人止渴解乏,为凉水埠开铺卖水提供了得天独厚的自然条件,因此凉水埠就成为盐夫和过往客商休息的地方。这些人在休息时不仅要喝水、喝茶,有的还要吃点东西,添补路途需用的日用品,凉水埠人就抓住商机,在桥头开起卖水卖茶的小铺,有的还兼营小吃和日用百货。这些店铺的招牌多为"××凉水铺",时间一长,人们就将原本分别为曹家湾、朱家湾、傅家湾、石桥湾等的地名统称为"凉水铺"了,这就是"凉水铺"的由来。还有一种说法,据说与吴家来此定居有关。"埠"在地名中多指水乡的码头、集镇,在恩施地区,鲜有把"埠"字用于地名的。吴家祖居江汉平原,其地名多用"埠"字,当吴家迁居凉水铺后,也将"铺"字叫作了"埠"。加上当地把"铺""埠"均念作"pù",因此当地人对"埠"替代"铺"也没有什么异议,"凉水铺"就在不知不觉中变成了"凉水埠"。

三进屋。所谓"三进屋"是指有"三层大门"。凉水村六组有个朱家大族,族中有一位德高望重的吕氏婆婆。她中年丧夫。随着后辈长大成人,房子已经不够用,于是吕氏婆婆决定给儿媳们建一栋屋,最初只设计了"两进",但设计规模较大,内设 2 个亭子、4 个天井,共计 40 多间房。在她家起屋的木匠师傅有师徒几十个,为了使起屋的师傅安心做事,吕氏寡妇每天给师傅们杀一只鸡吃。但师傅们每天吃饭时,只见鸡肉不见"鸡腿"。掌墨师傅心有疑惑:"鸡腿怎么不给我们吃呢?莫非吕氏将鸡腿送与他人或留给自己了?"掌墨师傅很是不满,虽没表露出来,但在立柱时暗中做了手脚,将每根中柱倒立着,意思是主人倒下,辈辈做寡。不久,朱家大屋建起了,在竣工那天,吕氏以隆重的仪式(即大酒宴席）招待师傅。师傅临行时，吕氏将一个大纸箱送给掌墨师傅，并嘱咐这是送给师母娘的，暂不打开，等回家后打开。掌墨师傅在一番推辞后就领了礼物回家。在回家的路上，师傅在猜想，徒弟们在怀疑，这到底是什么东西呢？在途中休息时，师傅将纸箱开个洞一看，惊呆了，原来这是一满箱鸡腿。掌墨师傅这才领悟到平时为什么没吃到鸡腿的缘故，明白吕氏用心何等良苦啊！掌墨师傅为了补偿自己在做立柱时动手脚的过失，立即返回吕氏屋场，决定在屋外再增加一进，即外加一个大门，像古代的"廊"，构成"三进"。临别时，掌墨师傅在中柱上边砍三斧，并说"此屋正发三十年，倒发三十年"，说完就回家了。后来人们就叫这为"三进屋"。

## 优良家风家训

凉水埠村民通过一些警句和传统的口口相传，形成和维持良好的家风。耕读传家方面，警句有"守业耕与读，治家勤与俭""农不兼商家不富，商不兼农守不住"。故此地世以耕读为本、农商兼营为业。人们读书耕田、不忘祖法，提倡"家有三堆三声，其业必兴"。做人处世方面，警句很多，如"诚信做事，忠厚待人""生于忧患，死于安乐""人遗子，金满籯；我教子，唯一经""骡马看蹄爪，细娃看极小""勤有功，戏无益""一粥一饭，当思来之不易；半丝半缕，恒念物力维艰"。同时，忌赌博和抽大烟。尊老孝亲方面，子女对父母生前不仅要尽赡养之责，更要尊重、听从父辈的教导。家族不信鬼神，但提倡祭祖。父母过世了，要慎终追远。每年春秋两季族人无论男女老幼要集体在祠堂祭祀祖先。每逢腊月三十、清明、七月十五，家家户户要上坟。团年时，人们围坐火坑烤火，通过聆听父辈褒扬祖宗的懿德，进一步保持良好的家风。

## 诗词楹联

吴祚兰私塾学舍中门对联：

　　　　宅身即宅心，须识存诚主敬；
　　　　由户思由义，所宜蹈道履仁。

吴祚兰学舍门对联：

　　　　虽说是荜户蓬门，仅足摩披风月；
　　　　且幸有蕉窗兰室，尽堪笑傲烟霞。

吴祚兰门楼对联：

　　　　来往岂无题凤客；
　　　　登临便是卧龙岗。

吴光承住宅大门楹联：

　垂钓溪边，看禾垄上，游憩市场，纵遇狂风暴雨，只求我精神快乐；
　勤理内政，善处外交，富强中华，虽然家危国破，还望尔子孙发达。

吴光承住宅东楼门联：

　　　绕屋有逸兴，看绿水一溪，青山四面；
　　　传家无别业，惟薄田数亩，旧书五车。

吴光承住宅西楼门联：

　　　　门对翠岩，美玉明珠多蕴蓄；
　　　　庭前丹桂，春种秋锄好培植。

吴光高书吴氏宗祠大门联：

　　　　承渤海宗支，享千秋烟祀；
　　　　阐尼山教化，启百代人文。

　　　　　横批：光前裕后

吴光高撰联安慰闹矛盾的族人：

　　　　放大肚皮装气；磨尖牙齿吃亏。

　　　　　横批：让人非弱

吴光鉴语：

　　　　家庭之中恩衍义，门内之事情胜理

吴经明任湖北省立第十三中学校长时（1934—1938年），为学校亲撰对联：

> 二三子异地同来，莫愒岁顽时，辜负光阴失远志；
> 
> 五千年斯文未坠，冀达德成才，粹精学术障洪流。

吴国桢语：

> 怨不可记，恩不可忘。

吴经题为堂兄吴经恺夫妇墓碑题铭：

> 燕翼贻谋，子繁枝茂，生虽不及，殁有光；
> 
> 绳其祖武，兰芳桂馥，孙曾多有，后愈昌。

吴经题为妻过世百日作联：

> 为我侍亲，为我育幼，为我泣血，含辛更茹苦，
> 
> 一万九千日恩爱，深印心中，何日忘只；
> 
> 思卿宽厚，思卿勤俭，思卿坚贞，家门内域外，
> 
> 多少纷繁事袭来，全部顶住，安尔居今。

吴经象家贫寒，时有债主登门要账，无果则久住不走。其老父久病，家中省吃，他用瓦罐为父煨饭，客人不走争吃饭。吴经象即席吟诗曰："罐罐饭，待远客，客吃了，爹没得。"客人无奈，只得离去。

## 自然美景

古树。凉水埠在公社化时期改名为"森林公社"，顾名思义，这地方森林很茂盛。现在有几棵古松已得到了林业部门的重点保护，既被拍了照，还上了保险。最高的古松有十余丈，粗约六七尺。这几棵古松犹如鹤立鸡群，甚是壮美。

此外，凉水埠还有一棵传说是死而复生的麻柳树（位于祠堂包至老新屋小路边）、朱家明代国槐（朱氏先民1660年手植）、漆树槽的桂花树等。

晨雾。每当天气久晴之际，清晨的凉水埠完全被云雾覆盖，云雾顺河道而旖旎，就山势而缠绵，绕山弯环水，氤氲不散，酷似一条巨龙，遮掩得山脉若隐若现，不啻人间仙境。若要赏凉水晨雾，你只需等到天气晴朗，站在名叫"寨子包"的顶上，便可全览仙境。此时此刻，哪般仙境能与凉水晨雾媲美？晨雾

凉水埠古槐树（郎正邦 摄）

约在上午9—10点才渐渐散去，山脉逐渐显露出来。

## 显赫的吴氏家族

　　凉水埠有尊师重教的优良传统。《建始县志》载，凉水埠出名的举人有30多人，20世纪初便有人出国留学。在重视子女教育方面，凉水埠吴氏家族颇具代表性。据吴氏族谱载，吴家祖先出自渤海延陵（今江苏常州市，春秋时期贵族公子吴季礼被封延陵，史称"延陵季子"），后代迁江西南昌府，明代又迁至湖北江陵，再迁监利。乾隆四十年（1775年）吴大智为逃避长江水患，由监利杨巷出发，肩挑两子（吴士玺、吴士安）偕妻邓氏逆江而上，先迁于奉节，后南下，历经板桥、杉树坳、土墙坝、箱子山、高槽，定居施南府崔家坝。乾隆五十九年（1794年），吴大智去世，葬于崔家坝东边的石梯子粑粑岭上。嘉庆九年（1804年）邓氏去世，与吴大智合葬于粑粑岭。吴士安为谋生，曾替人割草、织布，后改为贩卖杂货，常往来于建始的乡村集市，对凉水埠青睐有加，后用经商积蓄购买了凉水埠黄姓田宅，于嘉庆二十二年（1817年）举家迁入。吴士安年幼时因家境贫困仅仅上过三个月学，便把求学的希望寄托在后人身上，命子读书。长子吴祚选因山洪来袭，溺亡于学舍。吴士安又命次子祚芝、三子祚兰继续攻读，两人终不负父望，都补廪拔贡。祚选三兄弟的求学精神对吴氏家族后来出现的好学重教之家风产生了深远影响。在这种家风的影响下，吴氏家族涌现了吴光承、吴经明、吴国桢、吴国柄、吴经书、吴修垣等很多值得书写的人物。

吴国桢（1903—1984年），字峙之，凉水埠人，美国普林斯顿大学博士，原国民党政府高级官员，中国现代史上的杰出政治人物。早年被人誉为"神童"（4岁入私塾，9岁入天津南开中学，13岁入清华大学），后赴美留学。先于格林内尔大学读完硕士，19岁入普林斯顿大学，4年后获政治学博士学位。回国后选择从政，并深得蒋介石的信任，历任汉口市长、重庆市长、外交部次长、宣传部部长、上海市长、"台湾省主席"等职。因试图践行美国式民主政治，有"民主先生"之称。就任"台湾省主席"期间，与蒋氏父子产生矛盾。1953年离台

吴国桢故居遗存（宋传轩 摄）

赴美，次年出现以与蒋的"隔空对骂"为标志的"吴国桢事件"，也彻底结束了自己的政治生涯。定居美国后，任《芝加哥论坛报》远东问题顾问，1966年又受聘于阿姆斯特朗大学，担任历史学教授，重归学术，出版了《永静巷》《中国传统》等著作。吴国桢在南开中学时与周恩来结为兄弟，晚年收到邓颖超邀请回国观光，计划1984年9月初启程。遗憾的是，他在当年6月不幸逝世。作为一个政坛风云人物，除了政治方面的影响外，他的一些逸闻趣事还进入了中国的民间故事系统，让人感受到他个性中机灵有趣的一面。

吴经明（1876—1970年），字述斋，凉水埠人，吴国桢之父，曾就读于湖北经心书院，27岁受清廷选派赴日本学习陆军，日本陆军士官学校第四期毕业。回国后，任过保定陆军速成学校教官、北洋政府陆军部三等检察官兼任编辑局副主稿，陆军军学司教育科科长，陆军第一、二、四镇步兵检察官，北京前门兵站总监等职，后因参与密谋武昌起义被人告发，逃往浦口。武昌起义后，他任南京政府参谋本部科长、浦口陆军第一师参谋长、陆军部军学司司长等职。1915年调任陆军部，后晋升为陆军少将和陆军中将。1925年任陆军善后委员会委员，1927年任广东兵器制造厂委员兼总务处处长，1930年任南京训练总监部编辑兼印刷局局长。曾以军界代表身份参加南北议和会议。获二等文虎章、三等嘉禾章。1932年辞职回家奉养父母。他还亲自任教于祠堂学校，数十名外地求学者慕名而来。在凉水埠，他乐善好施、扶困济贫，也常为乡亲们撰写楹联碑文，还曾掩护过地下党员孙世祥等人。1933年赴恩施，担任湖北省立第十三中学校长。1945年，他参与竞选县参议长，但未成功，又应聘到建始县志馆专修县志，惜志稿未成。1947年，由其子吴国桢接去上海，随后前往台湾，在台担任宗教联谊会常务监事等职。1970年以94岁高龄病逝于台湾。

吴国柄（1898—1987年），字政衡，凉水埠人，吴国桢之兄，民国时期的著名建筑师。曾就读于南开中学、唐山铁路专门学校、上海交通大学。后留学英国伦敦大学学习工科，获工学博士学位、机械师文凭和英国皇家工程师证书，精通英、法两种语言，是1925年徐树铮将军领衔考察欧美12国政治考察团的15名成员之一。归国后曾任唐山造车厂副厂长、炼钢厂厂长、汉口特别市工程师等职,主持修建了汉口中山公园、警备汉口区蓬字守望台(武汉岱家山张公堤碉堡群的主堡,在1938年武汉会战中发挥过重要作用,以其坚固和精致备受周恩来等人的赞赏)等民用军用工程。被誉为"汉口城市化建设的先行者"。1987年,吴国柄在台湾去世。他留下《军事工程学》《道路工程学》《铁路火车工程》《防空避难室建筑学》等学术著作及《英伦留学记》《徐树铮将军与我》《江山万里行》等长篇回忆录。

走近

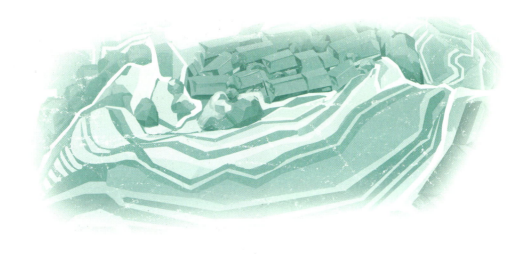

# 古道驿站
## ——石垭子村

## 垭子上的村落

石垭子隶属建始县高坪镇。石垭子名称由来存在两种主要说法。一说，石垭子古街建街初始，从地下挖出两块像鸭子的石头，遂以谐音命名石垭子。二说，因石垭子街西头去往恩施、建始县城方向的街口有几步巨石高坎，周围布满石灰岩，形成石垭子，人们习惯称之为"垭子上"。

石垭子老街是恩施通往宜昌的"咽喉"，位于施宜古道与巴盐古道交会处，也是石垭子村传统文化遗存的核心地带。老街全长200余米，宽约52米，街面宽约4米，用青石板铺成。晚清至民国初年，这条石板铺成的人行大道是鄂西通往长江口岸的唯一交通干线，俗称中大路，也叫盐大路。当时，中大路上人来人往，挑夫和骡马队络绎不绝，颇有"山间铃响马帮来"之韵。石垭子周边盛产桐、漆、麻、五倍

西出街口的垭子（谈传信提供）

子等山货，山货出山和山外商品入山，多在此交易，石垭子集市因此繁荣兴旺。同时，房屋建筑风格较统一，多系吊脚楼，屋檐相连，长廊绵延。后来墙面又用土红兑桐油统一刷红，加上石板街道光亮整洁，老街享誉一方，辉煌一时。

"改土归流"和两次"川盐济楚"给石垭子带来了繁荣。石垭子的繁荣主要有两方面的原因：一是对外交往的增多和商业贸易的发展，带动了石垭子的发展，用今天的话说，石垭子其实是典型的"路边经济""旅游经济"；二是由此带来移民涌入，进一步促进了石垭子的繁荣。直到今天，我们仍能从老街古建筑上感受到当时的移民带给石垭子的繁荣。

中华人民共和国成立后，318国道贯通，部分居民搬迁，石垭子随即变得冷清起来，但老街的风貌犹存。

为保护好文化遗产，建始县人民政府公布了第三批县级文物保护单位，石垭子老街是其中之一。

# 老街老房记忆

石垭子现存建筑主要建于清末民初,其中谈家修建的房屋较多,几乎占了老街一半。姚家修建的房屋主要在沙子坝和汤家坝。现存老街长200多米、宽约52米,两排房子之间是一条宽约4米的街道,街道地面由红石板铺成。石板街被人们的脚板、骡马的蹄掌打磨得光滑锃亮。老街又有上街、下街之分,从中间划分,各占一半。上街(往恩施方向)为老街,下街(往宜昌方向)为新街,但人们习惯统称老街。上街有谈子翼父辈兴建的"官殿"。湖广总督张之洞到施南视察途经此地,曾在此下榻,被官府指定为"官店",也称"官殿",大小官员过境均在此食宿。官殿的主人谈子翼到过日本,所以官殿前厅是中式,后厅是仿日式建筑,装饰的玻璃五颜六色,富丽堂皇,还有后花园。官殿屋后有个凉风洞,洞内宽阔,内有凉水井,抗战时曾用作防空洞。官殿绝大部分已被拆毁,遗址尚存。在1930年左右,谈均安在下街建起了一栋新屋,叫谈家新屋,后面修建的房屋也都建在下街上了。

官殿遗址(龚志祥 摄)

石垭子老街是两条古道的交会点。施宜古道和巴盐古道在这里交会。老街也随着这两条古道的兴衰而浮沉。

老街木房子（龚志祥 摄）

谈家老屋是谈家先祖谈佐庭于清咸丰年间从浙江省湖州府归安县菱湖镇迁来石垭子后兴建的，古朴典雅，陈设讲究。建筑风格兼具本地和江浙风格，灰砖青瓦，檐牙高啄，古香古色，相当气派。两株双人才能合抱的古柏矗立于老屋前，拾级而上，首先映入眼帘的是门楼，门楼两旁有精雕细刻的石鼓，进入门楼是花格砖墙的走廊，穿廊而过再上几步台阶，才到正屋。正屋大门上悬挂着"文章华国""流芳百世"的金字匾额。堂屋正中有一副中堂："茅屋倚红树，清流漾白沙。峰过巫峡雨，溪满武陵霞。蜀道通千仞，秦人尚几家。劝农有循吏，春事正桑麻。"署名清道光进士荆宜施分巡李廷棨。李廷棨（1789—1849年），山东章丘人，清道光年间赐进士出身，升湖北荆宜施道，曾为清道光版《建始县志》作序。李廷棨来建始后，由袁景晖陪同，探访了大水田及望坪等地，并同袁景晖唱和诗赋四首。正屋两旁是厢房，再进去中间是超屋顶的亭楼，两旁是天井，天井里有假山和石鱼缸，再进去是正堂屋，两边是厢房。在祖宗牌位之上有御赐金字竖匾"孝廉方正"。两侧有抱柱木刻金字楹联，下有长琴凳。正屋后面是后花园。几经岁月变迁，残存的谈家老屋，虽不见古柏、楼门、走廊和亭楼，

走近

谈家老屋（郎正邦 摄）

20世纪80年代姚家老屋（谈传信提供）

但雄姿依稀可见。

　　石垭子的袁家大院已是断壁残垣，现存的三层叠落共五级的五花式封火墙保存较完整，足见当时建筑规格之高。袁家是在第一次"川盐济楚"时从荆州迁到石垭子的移民，他们在石垭子因经营盐而获得巨大的财富，因此修建了徽派院落。

　　石垭子的谈、姚二姓都是同时从浙江迁来的，在此繁衍生息，成为当地两大姓。老街上的房屋有一半是谈家修建。而街后的沙子坝姚家老屋，可与谈家老屋媲美，共有3栋，当地人称老屋、中间屋、新屋。姚家老屋尚存一角，原来的大门上有"贡元"匾额，堂屋门上有"声震遐迩"匾额，厅内有宫灯，有抱柱楹联"椿萱永茂""兰桂齐芳"。天井里有鱼缸、假山、花卉。

　　恩施地区潮湿多雨，民居多是土木结构，屋檐一般出挑较大，以防雨水对墙体的冲刷，因此，屋檐下的挑檐结构是恩施地区民居中非常重要而且独具特色的部分。石垭子街道上的房屋，大多为两层，屋檐基本都是连着的，有走廊可以避雨，站在楼上走廊里，可以看到街上摩肩接踵的赶集人群。但石垭子的姚家大院却正好相反，姚家大院占地近500平方米，建筑外观有两个主要特点：一是四面基本无挑檐，挑檐外出离墙体不过10厘米，下雨时墙体靠地面的二分之一部分完全淋在雨中；二是墙体用材很讲究，墙体的下半部分取用江河中的鹅卵石，上半部分用火砖砌成。很明显，房子主人在墙体下半部分用鹅卵石，就是为了解决雨水冲刷的问题。石垭子本地不产鹅卵石，建造者在选材上舍近求远，显然不习惯用石垭子本地的片状石材。在修建外墙时，为了增加墙体中泥浆的黏性，泥浆中还大量掺进棉花纤维，这些建筑技术在恩施地区很罕见。

　　老街后面有个地方叫后槽，有位名叫张筱懋（据说当过团防的负责人）的商人曾在此居住。他曾是鄂西漆商谈子翼的"代稍"（即代理主人管理商务的管家），并与谈子翼到日本交涉过商务。他在后槽建了一栋日式别墅，还建有精致的鸽屋养有鸽子，院内有水井，井边有一块精致石碑，刻有"乐乐泉"三字，他的儿子也叫"乐泉"。老街后还有个胡家屋场，胡家屋场是四合院式的吊脚楼建筑，有楼门，也

磉墩（龚志祥 摄）

很气派,房屋主人是中医世家胡云三、胡笔生。老街西头垭子上李星垣(旧时团总)、朱厚斋(行商)的屋,新街东头姚春高(旧时乡长)的新屋,都是当时比较气派的吊脚楼式的房屋。石垭子老街接纳南来北往之人,客商熙熙攘攘,曾有不少名流雅士在此居住,这里因此辉煌一时。

## 工商业旧事

20世纪二三十年代,石垭子老街商业兴盛,商店林立。石垭子街上以谈、姚二姓为主的商人群体,大量收购生漆、桐油等山货,远销宜昌、汉口等地,又从山外运回布匹、绸缎和日用杂货,使这条小街繁荣起来。姚棣之办的是西药铺和家庭手工业社,包括织袜厂、肥皂厂。肥皂厂从武汉引进技术,也是当时鄂西第一家。还有老街的"杨开泰中药铺"与恩施"匡永益中药店",以及宣恩、来凤、咸丰的连锁大药店,这些店铺享誉一方。另外,日杂店有谈海帆的"庆和元丝烟铺""义成永布店"和"谈全林布匹商店",谈子翼的"官殿"以及与单德轩合开的"天庆福糖食铺";特色小食有"菜根香"的炒菜、"谭明阳"的包子、单家豆腐干;民生类店铺有谈泽林旅舍和骡马店,谈均安和谈礼安经营的"惠农桐子行""惠农山货行"、粮站、染行。他们的业务范围拓展到崔坝、红岩寺、高坪、三里坝一带。时常来往老街的骡马驮运队,少则有十几匹、多则达二十匹骡马。每匹都驮着两大包物资,叮叮当当穿街而过。经常还有大群山羊、绵羊或鸭子穿街而过。石垭子老街一片繁华。

石垭子一带盛产生漆,质量上乘,形成享有盛名的地方品牌,远销日本。20世纪70年代初,中日恢复邦交后,日本还向中国的进出口贸易公司要求进口"石垭子小木漆",并提出派日本专家到建始石垭子考察生漆生产情况。20世纪二三十年代,宜昌曾有一家享誉鄂西和川东的大商号"福昌漆栈",董事长兼总经理就是谈子翼。福昌漆栈抢占了当时鄂西南和云、贵、川、陕等地大部分的生漆生意。谈子翼在经营生漆的鼎盛时期,大约拥有5000梢以上生漆(1梢50桶,1桶50斤)的资本。在武汉聚兴诚银行的支持下,石垭子老街的谈子敬与吴翼生（时任汉口市长吴国桢的族叔）在汉口江汉三路开设"庆孚公司"，延请谈海帆任管事，把关生漆质量检验，进一步扩大小木漆的影响。随着经营业务的发展，福昌漆栈在南京、上海均设有办事处，在云、贵、川、陕设有收购点，在巴东长江码头设有转运站，组建三支拥有60多匹骡马的驮运队。驮运队常年往返于石垭子、宜昌和巴东之间的山路上，运出生漆和各种山货，换回布匹、绸缎和其他日用品，活跃了山区经济。福昌漆栈以及谈子翼本人在远近的同行中享有盛誉。谈子翼还开设多处铺面，自办糖食、面条加工厂。

远去的昔日繁华（龚志祥 摄）

以谈、姚二姓为主的商人大量投资，兴办作坊、商店，生产或销售织袜、肥皂、丝烟等，使得石垭子老街面目一新、兴隆一时，成为"中大路"（施宜大道）上较繁华整洁的街道。

## 蕴育村庄的教育

石垭子历来十分注重教育。1931年之前，这里只有私塾，还没有一所正规的现代学校。石垭子小学发端于沙子坝的姚子衡热心办学。姚子衡从三里坝请来师范院校毕业的刘子明和凉水埠的吴经邦、吴经宪到石垭子任教，聘请谈均安当校长，自己当教导主任。教室就设在姚家老屋的厅屋里，讲台、课桌、黑板俱全。姚子衡出钱买了一架风琴，还做了一面校旗。抗战时期，石垭子还建立了建始乃至全恩施第一所女子职业学校。开学后，这些女生白天干各种手工活，如打毛线、织袜子、做鞋等，夜晚上课。女生因为都是自己要求上学的，所以上课十分用心，有姚龄征、谈传泰、李世禾、李世玉、姚家和、姚家宪、姚国慧、姚国经、姚国琼、姚彬文、姚郁文等20多人。这批女生毕业后大部分都上了七女高、七女师等中学，1949年后参加了工作。女子职业学校的三个老师轮流教学，无论天晴下雨、打霜下雪，每天都打着电筒到校教学，从不缺席。办学经费先由姚子衡出，后来由大家轮流分担，学校只供应老师一餐晚饭。当时省教育厅童专员来鄂西视察，听说石垭子办了个女子学校，很惊讶，觉得是个新闻，就来访问办学人姚子衡。童专员在给学生训话时说，他从宜昌动身，跋涉六七天，沿途没见一所像样的小学，女子学校根本没有。童专员表扬了姚子衡热心办学的精神，并给建始教育局写信，要局里给这个学校拨款支持。与此同时，谈家老屋也有一所小学，由留日回国的谈潘川患慢性病在家疗养期间创办，该校使用新教材，由谈潘川亲自授课。后来在以谈、姚二姓为主的家长努力下，两校合并，扩大规模，一所男女同校的石垭子小学诞生了。谈子翼等富商捐助了资金，支持办学。学校先是由谈子翼之子谈韬安当校长，后来是谈均安。沙子坝的姚棣之还到宜昌为学校购置了一批教具，包括油印机、收音机、大地图和小鼓小号等。学校曾组织全校师生100多人到三里坝旅行，男生穿短裤，女生穿裙子，学生们手持童子军棍，击鼓吹号，浩浩荡荡，甚是整齐。三里坝学校师生列队欢迎，区长和士绅出席欢迎会。区长当即表态每月给石垭子小学补助一笔经费。恩施专员傅恒伯得知姚子衡办学事迹，给他赠送"热心教育"的题词，以资鼓励。小学越办越好，在校学生由100多人增至300多人。抗战时期，省立二小西迁至石垭子，与石垭子小学合并。校长是省教育厅委派的李益谦，教导主任是万国华。据校友谈传信、姚品文等回忆，当时石垭子小学设备齐全，教学质量高。学生可以借阅图书，学习五线谱，编办壁报。学校经常开展演讲比赛、排演抗日话剧。李校长回教育厅后，校长一职分别由闵世泽、万佐藩（1938年加入中共地下党）等继任。他们聘用一批师范专业毕业的教师。其中，延安抗大毕业的刘荣传教高年级的语文，并传播进步思想，对学生影响很大。音乐家马丝白（省立六高音乐教师）还在操场上给全校师生边演唱边弹风琴。安徽蚌埠逃难来的画家刘林（擅长画虎）、刘涤尘（擅长画竹）都在石垭子小学教过美术、历史等课。还有吴国顺、柳庭桂、聂开伦、胡国耀、解哲夫、耿竟成、吴厚载、任瑞芬等一大批优秀教师。

　　石垭子小学前后经历了5个发展阶段：抗日战争时期，武汉沦陷，湖北省立二小西迁至此办学3年；1958年建始八中创办期间，借用石垭子小学校舍，与小学合办2年；1967年至1978年，为了普及初中，实行小学"戴帽"与中学合办11年；1980年至1984年，学校升级为县重点小学，历时5年；1984年撤社并区至今，学校成为片区中心小学。追溯发展脉络，石垭子小学前身由当地热心富绅筹办，抗日战争时期受到先进文化和进步思潮的熏陶，1949年后几经变革与全国教育发展基本同步，至今仍承载着农村基础教育的重任。

　　石垭子以求学为荣，培养了一批杰出人才。老街附近大店子徐家，与凉水埠吴家是至亲。二十世纪三四十年代，这一家就走出3名大学生：徐绍伯毕业于燕京大学（现北京大学）；徐福钟毕业于国立中央大学（民国时期），后任湖北大学教授；徐福庸毕业于农学院。老街上的青年把他们当作榜样。抗日战争时期，大批学校西迁，石垭子的青年特别是女青年掀起了一股到恩施求学的热潮。谈传泰和姚龄征是石垭子女子求学的开路先锋。她们打破重男轻女以及女子在家做家务是天经地义的思想偏见。加上这个时期湖北省府西迁恩施，省立学校云集恩施。石垭子深受影响，有20多名青年到恩施、建始报考初中、高中，这个从没有女子外出上学的小山村，其中的女青年就有13名。七女高初中部一次就录取了来自石垭子的女生10名，包括姚龄征、姚国慧、谈传泰、姚彬文、李世禾、李世玉等，这批学生1949年后都成长为国家干部、教师。此事轰动了石垭子、高店子、三里坝、崔坝、红岩寺乃至建始县城等一大片地区，带动了许多青年尤其是女青年到恩施报考中学。建始县城里一些商贾士绅的女儿听说石垭子大批女子上了中学，也纷纷要求读书。小小的石垭子及附近农村，当时就有20多名青年，分别就读于省立六高（三里坝）、省立联合中学恩施分校（小龙潭）、七女高（恩施屯堡）、一女师（宣恩李家河）、二女师（核桃坝）、九师（七里坪）、四师（花坪）、高农（恩施金子坝）、四女高（宣恩沙道沟）、女职（恩施红庙）、高工、高商、恩师、简师等十多所学校。每到上学、放学时，中大路上，男女学生成群结队，好不热闹。这批知识青年，1949年参军参干的就有30多人。据不完全统计，1949年前毕业于石垭子小学的学生，分布在各行业的优秀人才多达数十人，其中教授6人、医生3人、画家3人、教师12人、高级工程师4人，干部10多人。

石垭子小学旧貌（谈传信提供）

## 多元交融的村落民俗文化

石垭子的文化内容十分丰富，以老街为核心衍生开来。20世纪40年代以前，皮影戏（皮灯影儿）、木偶戏（木脑壳戏）、猴把戏、三棒鼓是主要文化项目。年长村民讲述，老街上常年有一个皮影戏班子，只要附近哪家许愿（保佑平安）或有喜事相请，他们就去，有时连唱几天。演戏时，他们在大门口拉上一块小幕布、街檐下支些板凳，让人们看。一台皮影戏只要两三个人，每个人手里要掌握好几个皮影，不但要变换着各种动作，还要变换生旦净丑的唱词和说白（川戏或南戏唱腔），奏乐的是一个人，要负责吹打和拉胡琴。为了便于操作，大部分皮影只用一只手操作，于是就衍生出"皮影子作揖——下独（毒）手"的歇后语。老街还经常有划干龙船的老汉，手执一个大拐杖似的架子，架子上面是一个长满红胡须的菩萨，也叫送子娘娘或财神菩萨。老汉挂着锣鼓，在家家户户门前敲打，口里还唱着"送子娘娘本姓赵，家住四川峨眉山。左边栽的摇钱树，右边放的聚宝盆。一天早上捡四两，两天早上捡半斤。三天早上没人捡，斗大的黄金滚进门"等,专门给人家送祝福语,祝福人家早生贵子,然后讨人家施舍。

每逢春节,石垭子老街举行耍龙灯、舞狮子、采莲船、扮蚌壳精、踩高跷等民俗活动,观众则常常在吊脚楼上看热闹。舞狮子、耍龙灯时,人们还要放鞭炮、烧花筒(用竹筒做成,里面装类似焰火原料的东西,燃放起来五颜六色)。到了正月十五,这里还兴"扎故事"(当地也叫扎亭子),即把一个小孩扎在高高的亭子似的顶端,扮成故事里的人物,如岳飞、关公、花木兰、哪吒等。亭子下还有配角,配角像抬轿子一样把亭子抬着,随着花灯、采莲船起舞,让人们观看。

## 李廷棨眼里的石垭子

李廷棨(1789—1849年),章邱(今山东章丘)人,清道光年间赐进士出身,升湖北荆宜施道,曾为清道光版《建始县志》作序。李廷棨来建始后,由袁景晖陪同,采访了石垭子、大水田及望坪等地,并同袁景晖进行诗赋唱酬。

(一)

由桃花源至大水田,山势忽中开,林壑幽秀,清濯漾波,桃花夹岸,兼有良田美池桑竹之属。

茅屋依红树,清流漾白沙。

峰过巫峡雨,溪满武陵霞。

蜀道通千仞,秦人尚几家。

劝农有循吏,春事正桑麻。

(二)

建始道中

白云原在众山巅,山过白云更截然。

一路不曾见平地,此行真是上青天。

花开峭壁初过雨,雪积阴崖不计年。

木石萧寥人意古,时从岩穴望炊烟。

# 村落姓氏与人物

20世纪，石垭子老街以谈、姚二姓较多，还有单姓、董姓、杨姓、谭姓、李姓、刘姓、朱姓、罗姓、汤姓、邱姓、韩姓等，还有抗战时期逃难至此安家的钟姓、邓姓等。谈、姚二姓家族祖籍相同，原为世交，当初结伴来到建始龙潭坪小集镇上合伙开设"双合店"，后因故迁到石垭子经商，买田造屋，落地生根。谈、姚两姓不断与建始凉水埠吴家、恩施崔坝徐家、重庆巫山韩家、巴东沈家和费家、建始茅田冯家和邱家，以及建始陈家、徐家、刘家、何家等人家联姻，在石垭子开枝散叶。

石垭子人杰地灵，人才辈出。1949年后，从村庄走出的才俊分布在各行各业，涉及教育、政法、科技、外交、卫生等各领域。本篇选录部分村庄人士，以谈、姚二姓为最，这些人士多在1949年前就名扬村内外。

谈子翼，鄂西著名漆商，建始历史上对外贸易的先驱之一，曾在宜昌开设"福昌漆栈"，在汉口成立"庆孚公司"，经营的建始石垭子小木漆远销日本。

谈韬安，谈子翼之子，宜昌福昌漆栈总管事，石垭子小学首任校长。

姚棣之，民间艺人，实业家。20世纪30年代，在石垭子老街上开设鄂西第一个手工业社，从宜昌、汉口等地引进打线、织袜、染色、制肥皂技术。他一生热爱手工艺，会做退光漆、裱字画、染色，掌握"阴丹士林"等技术，还会制作土法染料"土靛""碱缸"等，善于扎彩灯、宫灯，善于绘制各种花鸟图案等。姚棣之在诗词歌赋、琴棋书画、雕刻、编篾货、扎花灯、缝纫、木工等方面，样样擅长。尤擅诗文，存诗不下百余首，喜爱书画，擅长水墨画、米字书法、印章雕刻。

谈海帆，任汉口庆孚公司总管事，担任生漆等山货质检师，后任庆和元公司经理，兼任石垭子邮政代办所负责人，为中共地下党收发进步报刊等，系中共地下党的外围人员。

# 幽谷佳地
## ——石门村

## 用石当门的村

石门村位于高坪镇的东北部,东与龙坪乡岔口子村隔河相望,西与花园村交错,南临花石板村,北靠柏杨坪村,区域面积6.7平方千米,最高海拔1300米,最低海拔580米,平均海拔约900米。该村土地肥沃,槽坦坡缓,河流纵横交错。

村东有一条石门河,河西岸有一个著名石洞,堪称鬼斧神工,洞处绝壁,洞下是深渊，可谓一夫当关，万夫莫开，引得古今无数的墨客骚人为其赋诗作文。因洞口形状如门，故石洞被称作石门。石门位于高出河床约300米的半山腰绝壁中，属石灰岩溶洞。石门洞口高约5米、宽约4米，拱形门顶与洞顶门框浑然一体，静立峭壁之上，既无断痕裂缝，又无人工雕饰痕迹。步入石门，门中有洞，形如覆盆，阶旁野草青翠，洞壁光滑如洗。石门对面的白虎山，形似伏虎，雄伟奇特。清同治版《建始县志》载："石门山，在县东一百二十里。两石对峙，俨若圆扉，鸟道盘旋，下临绝涧，真一夫当关之地。曩为入施驿道，今改之。"

河因石门而称作石门河，村因石门而得名石门村。

石门对石虎（郎正邦 摄）

## 双甲老屋和榨油房

石门村的特色民居首推位于石门村三组的双甲老屋。双甲老屋是一组拥有四合天井的建筑群，巽山乾向（坐东南向西北），迄今已有120多年历史，至今保存完好无损。现有两户谈姓村民在此居住。

双甲老屋顺长26.1米，进宽17.6米。前檐高5米，后檐高4.5米，地平线到屋脊为6.8米。中间是一层板楼，高2.8米。天井长3.2米，宽2.95米。建筑内部属柱式架木结构，前檐和左右山尖下脚用麻条石镶砌，上部用土砖封砌。前檐大门框、过桥、门槛均为麻条石结构。后檐全部用麻条石镶砌，外围均用白石灰粉刷。室内围绕天井的地方则留有走道，通向各处。万字格窗户被镶嵌在板壁上。房屋室内空气新鲜，冬暖夏凉，宜人居住。

榨油房也是石门村的传统建筑，位于石门村七组，也俗称岩上蔡家老屋场，当地也称榨油房为"榨房"，系1949年前修建。榨油房共三大间，占地面积约150平方米，内有炒籽锅、碾籽石槽盘、蒸饼榨缸、压油架等设施，可生产菜油、桐油和漆油等。每一榨可压榨200～300斤菜籽等，出油率约33%。直到改革开放前，此榨房仍是方圆十里内榨油的必选之地。

## 古道古桥

施宜古道是明清时期施南通往江汉平原必经的咽喉要道，途经石门村境内的部分俗称"石门古道"。石门古道沿途铺有宽1米左右的石板，因为古往今来，道上人来人往，络绎不绝，所以古道石板被磨得光滑如镜。石门古道自石门一组起，经一桥三土地庙—燕子岩—古战坑—古炮台—石门关（包含石门关、石门洞、石门、石门佛寺）—摩崖石刻—长岩洞—滴水岩—通济桥—紫薇王等地，沿途景点林立，尽显峥嵘。石门古道是石门村历史文化遗存中的一颗璀璨明珠，尤其是石门下一段长约60米的古道，有100多步台阶全是石匠用凿子开凿出来的，实属罕见。

石门古道上的石门关是一个重要关口，为古代楚蜀的咽喉。施宜大道修建前，石门为出入要冲，故号称"石门关"，并设有铺司等专职人员以及管理机构。清同治版《建始县志》载："石门关，在县城东一百二十里。"又载："石门汛，在县城东一百二十里，汛兵十名。"清道光版《建始县志》记载了石门塘汛的情况，乾隆四十二年（1777年）此处添设石门汛外委一员。当时，全县有塘汛17处，一汛16塘，分防塘兵74名，可见其关（汛）之险要和重要。现侯家屋场旁约

200米处的燕子岩下,还有古战坑、古炮台的遗迹。村民曾在石门顶上的二等岩下的丛林中发现了不少骷髅。

石门桥属于古桥,是一座架设于石门河谷两岸悬崖之间的单孔石拱桥,也是建始境内现存桥梁中修建年代最早的古石拱桥,虽然历经岁月沧桑,但依然静卧峡谷,气势磅礴,雄伟壮观。该桥始建于明天启五年(1625年),本名通济桥,俗称石门桥。据传清乾隆三十六年(1771年),建始县典史亢嗣基督工重建这座桥,将桥更名为石曼桥,又称石罨桥,使之与两岸的官道相接。桥拱矢度为1/2,桥长24米、宽4.9米、高16.3米,历经200多年沧桑岁月,至今保存完好。1978年5月,石门桥被列为第一批县级文物保护单位。

关于石门桥的传说颇多。有一个传说是"八大王"(明末大西军将领张献忠)洗川时,为摆脱追兵,传令将士各带石头一块,用一夜工夫将桥修成,还将随身佩戴的宝剑悬于桥下。也有传说石曼桥为仙人所造。这些都仅仅是传说而已。不

石门古道(郎正邦 摄)

通济桥(郎正邦 摄)

过,石曼桥周围没有采石场的痕迹,它的建造过程始终是一个谜。

# 古墓葬

蔡氏古墓在村里的古墓中比较显赫,位于石门村八组的尖山脚下,坐南朝北。墓主为蔡启凤夫妇,系蔡家从八址荒(今把住荒村)移居到蔡家湾的第二代祖先之一。

墓碑立于清道光二十三年(1843年)腊月。从碑文可知,墓碑为生前所立,为生碑。墓碑立于坟前约0.4米处,隔开其他古坟,长约4.5米,宽约0.9米,高约4.5米。墓碑分为三层。第一层长约4.5米、宽约0.9米、高约1.6米,中间高两边低。五块石枋将六块碑面依次隔开,中间部分外面的两块碑面能自动旋转,里面还有两块碑面。里面碑面所刻内容与外面的碑文内容完全相同,刻有生卒年月、孝名等信息。未刻完的孝名移至两边的矮碑面上,孝名在上,花纹在下。石枋有对联两副,居中的对联是:"退弃人间连理枝,逍遥彼岸鸳鸯塚。"居于两旁的对联是:"山清水秀钟灵远,龙吟虎啸衍爱长。"第二层长约2.3米、宽约0.9米、高约0.9米。碑面长约1米、高约0.7米,由两块石枋夹着镶于底部。碑面刻有蔡公墓铭、蔡公墓志。石枋上刻有对联一副:"山清水秀恋,佳复兰芳间。"第三层长约1.95米、宽约0.8米、高约2米(含碑顶上的"山"字形的碑帽)。两块石枋呈"八"字形向外排开,刻有花纹。碑面长0.8米、高0.6米,上刻"万古佳诚"四字。主碑前有一个石亭子,高约2米,由底座、石柱、石帽盖、石顶子等组成。石亭子方圆相间、凹凸有序,既有花纹又有诗句。石亭上的诗文系草书,内容

施南第一佳要石刻(郎正邦 摄)

之一:"挟飞仙以遨游矣,抱明月而长终者。"内容之二:"坛飧有风至,空余皓月浮。"内容之三:"人生有酒须为醉,一滴何曾到九泉。"石亭子前还有可旋转的石门,任人进出。石门两边砌有"U"形院墙(包括碑旁的麻条围墙)。

## 摩崖石刻

清乾隆四十年(1775年),四川铜梁举人贾思谟赴任宣恩知事途中,在石门右侧约8米处的绝壁上题"施南第一佳要"6个大字,成为一道奇观。每个字宽约0.4米、高约0.7米,采用行书体竖字阳刻,至今清晰可见。

## 石门佛寺

清同治版《建始县志》载:"石门,在县东一百二十里。巨石礌砢,下临绝涧,人穿石中,石形若柱、若楣,俨然圆扉焉。出门右,石壁穹窿,上覆如屋垂罍。乾隆三十九年,中丞陈公因石壁作寺,塑佛像,前装楬、楇,庄严幽奥,疑自灵鹫飞来。立寺外,望对岸白石如虎伏,谚云'石门对石虎'出。两岸侧耸,巉岩峭削。由西北折回而下,逾涧,复折回而上约七八里。涧底有石桥,名石曼桥,上有亭,今圮,相传为仙人所造。憩坐其间,望两岸悬岩万仞,烟雾迷漫,林木阴翳,仰见天光一缕,泉瀺瀺流乱石间,令人骨悚魂惊,殆别有天地,非人间矣。东岸上庙名'对佛寺',乃乾隆四十三年制军王公创修也。"

石门佛寺位于石门河西岸的石门洞中。清同治版《建始县志》载,清乾隆三十七年(1772年),湖北巡抚兼湖广总督(中丞)陈辉祖路过石门,见此美景,于清乾隆三十九年(1774年)建石门佛寺。并作《新建石门佛寺记》,勒碑铭记。文中描述了建始石门河的地理状况,详细记述了陈辉祖路过石门时如来佛和伽蓝尊者现于梦中的情况,以此说明修建石门佛寺的原因。寺内曾有三则碑记。一则是石门河山水图碑记;一则是石门河的景物描写(采用阴刻行草);一则是修建通济桥(明天启五年(1625年))时的捐款人名录。

# 古诗文

石门村历史悠久,可考的文字散见于清道光版《施南府志》和清道光版、同治版《建始县志》等古代志书,多为吟咏石门的诗词歌赋及碑文。

清乾隆四十六年(1781年),时任湖北学政的吴省钦赴施南考察,路过石门河,作《石门》五言古诗。

石门

前过石门滩,昨饭石门洞。

千峰接万峰,骨立寒天空。

相对面满崖,无路许携从。

偶从发浩呼,四谷响交讻。

历乱如堆蓬,突兀累桂栋。

混沌谁凿开,万象归饰弄。

庄严示佛法,金碧晕鞭鞚。

沿缘度双磴,出门快飞鞚。

清道光二年(1822年),湖北沔阳人史铭桂路过石门,作《将近石门》《游石门》《石门叹》,描写石门的自然景观。

将近石门

将进石门道,数峰高插云。

卓立猿猱穷,孤峙青若分。

岂是夸父铛,将毋盘古坟。

野人唤石鼓,象形吾亦云。

碑词诗语别,石虎传纷纷。

游石门

寒涧响淙淙,流出石门麓。

石门对岸呼,七里才一曲。

舍舆下仙桥,行行缩缩。

小憩移片时，神凝气仍促。
下下又高高，扶持戒童仆。
凹处一线微，顶覆檐牙啄。
仰视蔽青天，俯瞰惴深谷。
几谓好奇心，后殆不可复。
呀然石窦开，神灵此修筑。
幽冈蛰龙蛇，阴森飞蝙蝠。
步步引入胜，毗连列华屋。
末路奇之奇，通明走山腹。
麻姑春散怀，三游秋寓目。
得一已自奇，未若奇相属。
徘徊日向西，好景看不足。
痴心订归路，三日石门宿。

石门叹

我行半天下，石门景独妍。
少见固多怪，目睹未或先。
山水奇且险，石窦相钩连。
可以面壁坐，可以丹鼎煎。
使其生绝域，附会丹青传。
谓为古道场，朝谒方喧阗。
兹虽具阁观，寂寞寒山边。
由来耳目近，难架词虚元。
即今我经过，一家此借眠。
世人倘乍见，鲜不疑神仙。
名胜人所造，初不关林泉。
知希还故我，山水全其人。

清道光三年（1823年），顾燊梅任建始县大岩岭县丞署县丞时，作《道经石门用香山游石门涧韵》描写石门风景。

> 路绝通石门，幽深骇仙迹。
> 经传古无稽，遗闻访曩昔。
> 俯监万丈溪，对峙千寻壁。
> 车马少经临，碑碣难寻觅。
> 残雪冱高岭，新曦照瘦石。
> 藤萝蔓垂垂，松杉树历历。
> 探奇纵大观，紫翠岚光夕。

明代嘉靖进士黄襄任御史时，曾到恩施、建始。路过建始石门河时作《过石门》七言律诗，描写建始石门河的自然景象。

> 磴道崎岖涧水分，动行俯仰悸如焚。
> 崖悬走马春愁雨，谷邃飞花日看云。
> 古洞藤萝皆鸟迹，新碑墨刻半龟文。
> 狰狞石虎山头见，更有猿啼两岸闻。

清乾隆四十二年（1777年），建始县举人范述之作《石门感旧》七言律诗，诗中引用陈辉祖于石门见到如来佛的故事。

> 石门千仞郁崔嵬，五色霓旌映上台。
> 太守自行督属吏，中丞亲说见如来。
> 固知虚妄无常理，转盼繁华已劫灰。
> 剩得匡庐真面目，依然山秀水潆洄。

清道光年间建始县知县袁景晖过石门河作七言律诗《石门怀古》。

> 夹岸瑶峰晕绿新，石门小立证前因。
> 儒家自喜开汤网，佛老曾闻驻法轮。
> 邃洞苔纹封古隶，曼桥流水送余春。
> 便从此结烟霞凭，未了苍生系望身。

清嘉庆七年至十三年（1802—1808年），嘉庆年间进士鲍桂星作为督学主持施州选拔复试，路过建始石门时，仿乐府体，作《石门歌》。

入建始境，由龙潭坪西南行四十里，有地曰"石门"。万峰盘回，峭壁巉绝。两崖门径才里许，而磴道纡折五千余级。度石桥，涉潦涧，扳萝拾级而上。有三洞，奇奥类鬼工。洞石下垂，如云物，如钟乳，谲诡不可名状；第二洞垂瀑如珠箔，尤可赏悦；再上一洞即石门也。洞口垒石为二门，有一夫据关之险。人马过者，皆穿洞出入，望若飞仙。四面峭峰危岫，紫斑翠驳，缥缈天际。平生涉历南北，见奇境如此者不多得也。来时猝尔经过，目未周赏。归途携唐甥朴甫，操瓢挈榼，共往游焉。作建始石门歌。

　　楚山四出无拘束，捷若猿猱乱升木。
　　走向南天不肯停，饥鼯暝鸟空相逐。
　　操蛇之神可奈何，上诉阊阖排嵯峨。
　　帝遣夸娥氏二子，取石东海填山阿。
　　山为邃古未开辟，石是娲皇昔抛掷。
　　五色曾经锻炼余，双丸竟塞风云际。
　　自是矶碑屹两门，万山到此不敢奔。
　　虬龙缩颈虎豹状，一一堆垛齐尻肩。
　　丹岩黛壑相回抱，奇奥无如三洞好。
　　盘云倒袤石发卷，腻乳杂结寒蛟涎。
　　翠箔乱洒真珠泉，冰浸玉树珊瑚鞭。
　　覆盂绽裂一线天，行人皆偻马足穿，
　　　　破空而出如飞仙。
　　寒灵吐怪亿万状，使我愕立神矍然。
　　回顾两崖中断处，碧霭青林悬瀑注。
　　五千磴道绕旋螺，中有飞梁架烟雾。
　　乍聆琴筑惜匆匆，回日携尊孝绰同。
　　石阑浮拍夕阳下，犹恨亭吏催归骢。
　　平生足半九州地，快绝荆南览瑰异。
　　设险从占大易爻，探奇待补名山志。

# 稻花飘香

## ——三里坝社区

## 三里为坝的村落

三里坝社区位于建始县城东南方向，距县城约33千米。三里坝社区东接三里乡的大洪村，西邻东龙山脉（严家垭—擦擦坡），接三里乡的小屯村，东龙河穿过社区北面，接茅田乡，南偏西接三里乡的洋湖村，通往建始县城方向。三里坝社区为三里乡人民政府驻地，是三里乡的人口聚集区。集镇繁华，店铺林立，贸易往来频繁。三里坝社区原名老村，说明该村的古老，相对于周边村落，其形成和发育时间更早。2015年改成三里坝社区，社区共14个村民小组，面积约为6平方千米，多数人身份亦农亦商。

东龙河略呈弧形从北向南流经三里坝社区，社区居民小组亦大致沿河流两岸分布，逆流而上，河的左岸依次分布着一、二、四、五、六、七、十等组，河的右岸分布着十一、十二、十三、十四等组，社区居委会在三组，三组位于四组东、二组北，八组位于六组、七组的东面。社区居委会东北方向，九组紧邻十组东面，大致如此，组与组之间亦有交错。三里乡集镇和乡直部门主要集中分布在四、五、六、七等组，其中乡政府位于四组。

三里坝社区是一个位于两条山脉之间的宽敞坝子，是山区坝子农业的代表区域。三里坝社区平均海拔约为800米，属暖温带湿润季风气候，年降水量为

三里坝鸟瞰（宋传轩 摄）

1300～1400毫米。气候四季分明，春季多阴雨，昼夜温差大。境内土地资源丰富，分为农用地、建设用地和非耕地三大类。三里坝社区土壤疏松肥沃，是建始的粮仓之一，主要农作物有水稻、玉米、小麦、土豆、红薯、油菜、烟叶等，还有茶叶、柑橘、柿子、梨子、板栗、核桃、桃、李等特产，林木以松、杉为主。

三里坝社区主要从事商业，三里坝社区在318国道修建之前，一直是红岩寺镇举足轻重的商业重镇，骡马行、牛马行、猪行，行行兴旺，店铺鳞次栉比，赶集之日人山人海，人们南来北往，贸易远至奉节、巫山、宜昌，后因现代交通改变经济流向，昔日繁华落尽。民歌《黄四姐》的诞生无不与贸易往来密切相关。过去三里坝和恩施崔坝是两个明星坝子，两坝人口密集，地处交通要道，均为古驿道要冲，且地形开阔，便于集市形成。三里坝集镇是当时最繁华的集镇，与恩施市崔坝集镇是姊妹集镇，分单双日开集，三里坝逢双日开集，崔坝逢单日开集。

关于三里坝赶集，民国时期省立六高学生有记录。每逢双日赶集时，附近村民都背负着山货、土产杂粮，驱赶着牲畜来到镇上，加上采购日用生活必需品的男男女女，摩肩接踵，熙熙攘攘，人声鼎沸，热闹非凡。成年和老年的男女都在头上缠一条白布帕，形成一种特殊的标志，这就是当地土家族的装饰。不过，老乡们大多衣衫褴褛、面黄肌瘦，不时可见患"大脖子病"的，还有鼻子溃烂掉的男人和女人。街头巷尾，可以看到缠着头巾的出售劈柴的男子，他们背篓上架满高人一头的劈柴，打着杵，等候买主的光顾。尽管是寒冬腊月，不少人却衣不蔽体。男人们卖掉自己的山货土产，喜欢在路边檐下，来一场廉价的酒醉饭饱，微醉之后从容上路回家；女人们主要光顾售卖针头麻线、油盐酱醋的小店。无论男女老少，都要赶在日落前回家。

整个三里坝长约10千米。为什么叫三里坝？也许是一个概数或者保守的称呼。在古文里，三九百十千万都是概数，表多数，因此，三里也许就是很长很宽的意思。某个地方两条山脉之间的距离可能只有三里，这也许是地名的真正意义。地名来源已不重要，重要的是这里诞生了一首著名的民歌《黄四姐》。

# 《黄四姐》

三里坝社区民俗项目比较多，逢重要节日玩狮子灯、采莲船、打喜花鼓等，但流传最广的是《黄四姐》这首民歌。

三里坝社区是民歌《黄四姐》的发源地，《黄四姐》是三里坝社区的主要文化遗产，也是三里乡最著名的文化遗产，也可以说是建始县乃至恩施州的著名文化遗产。

全国各地喜欢民歌的朋友都知道《黄四姐》，但不一定知道喜花鼓。喜花鼓又叫"打花鼓子"，是土家整酒打喜时表演的狂欢舞蹈，其历史可追溯至清康雍乾盛世时期，距今已有数百年。喜花鼓起源于建始高店子，早期流行于高店子、红岩、三里坝等地，后影响逐渐扩大，流传甚广，建始县境均接受此习俗，并传播到湖北宜昌长阳、恩施崔坝、重庆巫山碚石等地。《黄四姐》是喜花鼓习俗节目里最为大众喜爱的一首歌曲。

村里人除了传唱《黄四姐》和打喜花鼓外，还爱听《水浒传》《三国演义》《说唐演义全传》《岳飞传》等经典故事，这些故事深深地影响三里坝人，尤其是20世纪60年代出生的人。村里人对农耕文化的科学提炼也是值得记载的文化事项。如谚语"有雨山戴帽，无雨山抹腰"，就是村民对气象变化观察后的总结，非常实用，能较好地指导农业生产。

三里坝社区是建始县城连接域外的一个重要节点，是古道上的一个重要驿站，一个因道而兴的繁华商业小镇。途经三里的驿道，也叫高坪古道，大致走向是：建始—凉风垭（擦擦坡）—三里—石门—龙潭坪—绿葱坡—巴东。

由于早期人们缺少历史文化古迹保护意识，加上现代化进程加快，三里坝社区遗址留存较少，古老的文化元素逐渐淡出人们的现代生活，但还有一些老建筑和古老的地名留存。过去人们相信风水，因此三里坝社区的老房子主要集中在集镇的中街和上街，共约4栋。其中颜家老屋位于老街96号，两进四合水结构，系民国时期乡长黄应若的房子，现剩三大间，高两层，其余被拆毁。

黄家老屋位于老街63号，黄家家道败落，但房产一直留存到现在。老房子三进三天井，现由黄述、黄宗惠两位老人居住，两人年龄均已60岁以上。黄家另有一栋老屋位于老街56号，一明两暗三开间，保存基本完好。

黄家老屋（龚志祥 摄）

三里坝集镇下街有一条保靖街，属老村二组，呈南北走向，与东龙河并列在一起，跨越中坝和下坝，全长约500米，是进出集镇的主要通道之一。此街道的形成年代暂无文献可考，有村民认为此街形成于历史上"改土归流"时期。人们认为，居住在此地的人怀念他们原来的家乡，于是就将此地命名保靖，慢慢形成保靖街。当然这只是一个传言，没有旁证，保靖街名也可能源于别的原因。保靖街为一条移民形成的街道的说法应该是成立的，外来移民多沿交通要道流动和选择居所，而三里坝刚好地处

木制窗花（龚志祥 摄）

古驿道的要冲。本地居民和先来者占据了上街和中街,后来者在下街安家。笔者查询文献,发现与此地邻近的湖南湘西州保靖县与这个地名关联度高,保靖县多土家族和苗族,而苗族有枫香树和蝴蝶妈妈的古老传说。三里乡有枫香树村,即原二龙乡所在地,曾经有12棵左右的古枫香树,现只留有枫香树村的地名。另外,三里中学有古老的枫香树,河水坪村曾有一棵古老的枫香树,但20年前被风吹折。据村民介绍,除了这几棵古老的枫香树,村庄周边山林很少有枫香树,两边大山也无成规模的枫香树林,整个三里乡其他地方的枫香树都极少。也许枫香村的树由移民带来,随移民迁徙而来的树必有其特别的意义。有专家研究认为,建始的苗族以龙姓为主,他们都是"武陵蛮"后裔,迁徙时间早至明朝,大规模迁徙约在清朝康熙年间,主要原因是战乱。迁徙路线比较复杂,有直接从湖南湘西迁入的,也有从云南和贵州辗转而来的。据当地人口述,杨姓人家自贵州迁来此地,因年代久远、全凭口耳相传,人们的记忆已经模糊。由此看来,保靖街早期可能是苗族后裔聚居形成,现街道已无苗族文化踪迹可寻。三里乡现有苗族人口千余人,主要是龙姓,规模较小,由于高度融合,民族特征并不明显,因此需要找寻更多的证据才能证明保靖街的来历。枫香树是否与苗族等民族迁徙到此地有关,成了一个谜。据村民讲述,三里坝下街原来还有一个榨油坊,后被拆毁,现已无任何痕迹。

古枫香树(龚志祥 摄)

抗日战争时期，湖北省政府西迁至恩施，省里各有关机构随迁至恩施各地安营扎寨。1938年，湖北省立六高迁入三里坝重建，建成面积约70亩，现三里乡政府大院、三里初中、幼儿园等所在地均是省立六高曾经的"地盘"。当时省立六高有24个班，来自全省各地的师生和员工约1300人，他们怀抱"抗日救国"的信念，团结一致、共度时艰。现三里坝社区保留有省立六高遗址，立有石碑，刻有纪念文字，并且此地已成为爱国主义教育基地。

三里坝是一块为两条山脉夹峙而形成的条形谷地，东龙河贯穿全境，水源丰富，有独特的水文化，保存有古老的水井。一组遗存3口水井，二组、三组各遗存2口水井，其中位于三组小河口的出水洞水井保存完好，井水水源均来自村东大山深处的地下水，冬暖夏凉，出水量均较大，足以满足村民的生活用水。生产用水主要来自东龙河，该河于20世纪60年代建成比较完整的灌溉系统，分东支渠、西支渠两条渠道。据省立六高学生回忆，三里坝西头与河水坪相连，北面大山绵亘，南面则是丘陵梯田。在正常年景，坝上的坡地梯田基本上是依靠山势进行自流灌溉。这里大约有两三百户人家，他们的饮水除来自个别井水外，大多来自马家湾一处水源喷发出来的溪水。这条小溪的源头是一股常年不息的涌泉，入冬时河岸热气腾腾，可以说是三里坝的生命线，世世代代哺育这里数百户居民。坝中的另一条大河平时干涸，暴雨时则浊流汹涌。

寨子堡，位于村子东边的山腰部，距离村委会1500米左右，据说为村民防白莲教所筑。从寨子堡可以俯瞰整个

万福桥

集镇。山下集镇山上寨子，互为攻防体系，一旦有战事，整个集镇的人可撤退至寨子堡内保平安，如战事激烈，可进一步向寨子堡后山深处转移。寨子堡现残存有约500米长的寨墙，寨墙随山势蜿蜒盘旋，由大石块垒砌而成，内侧设有宽约2米的泥沟，是为战事防御而巧妙设计的。

东龙河边还有一个马王寨，位于河谷北面的老虎岩山顶上，据说寨主姓马。也有村民说马王寨与白莲教事件有关，是反白莲教还是支持白莲教待考。另有村民说，这里是一个战场遗址，曾叫神兵洞，清朝时曾有神兵数百人在此习武，头领人称"马大王"，寨就被称为马王寨。此寨地形十分险要，易守难攻。

村里有一座古石桥名为万福桥，桥址在二组的小河上，工艺精湛，建桥石匠是李文勉，现桥已被毁，代之而起的是现代交通设施。古桥建成之时曾立有一功德碑记载此事，此碑现保存在乡文化中心大院。据村民回忆，关于东龙河的历史也有一块石碑，但已失踪。

## 三里江山的秀美

三里坝的周围都是高山，但在云笼雾罩的时候是看不见山头的。有时在山腰间横着一条白云，好似一个巨人系着白色腰带。山上林木青翠、獾兔出没、山花遍野、百鸟争鸣。在那高高的山上，也有绿油油的梯田以及金黄的玉米。向北是高耸入云的楂树坪和巴东县的绿葱坡；向西是长约7.5公里（15华里）、宽约1公里（2华里）的一片平坦的水稻田。三五村落掩映于茂林修竹之间，鸡鸣犬吠之声相闻。过河水坪，越凉风垭，就可以直趋至约30公里（60华里）之外的建始县城；向南是红岩寺和花果坪。

现三里坝境内最大的自然遗产是横穿乡境中部的东龙河。东龙河在清道光版《建始县志》记载为东路河，也名河水坪河。清同治版《建始县志》记载为东洛河。两种《建始县志》均认为它发源于望坪。单纯从字面已无法解读其意义，东洛、东路或东龙也许均是土家语的汉语音译，意思是芦苇。按照这种解读，这条河就是一条两岸生长有芦苇的河流。说明早期居民到达此地时，河流两岸芦苇茂盛，也说明东洛或东路河名古老，在汉文化进入此地前就已经冠名。历经数千年的你来我往，数百代人的筚路蓝缕，现东龙河两岸已是良田沃土。汉文化进入此地后，东洛、东路谐音转意为东龙。关于东龙河地名意义，有专家研究认为，也许是按照东路河的谐音转化而来，因为此地是建始东出的驿道，即东大路，河因此获名。现今人们通行的说法是，此村有一道山梁，形似一条龙，龙头山下有一条河。村民在山梁上修建了一座庙宇。因山位于河流东边，遂称河流为"东龙河"。可以看出，龙文化深刻影响着地名来历。东龙河属清江水系马水河支流，源于封竹李家湾，也有说发源于茅田四清大桥，系山中多眼泉水汇聚成河，流经茅田、三里坝、河水坪，自鹰嘴岩入洞伏流，于汪家寨岩壁出口汇入马水河，全长约38千米。三里乡的老村、小屯、孙家坝、二龙湾、枫香树、河水坪、村坊（崔家坊）、蟠龙均受东龙河滋润，动植物繁盛。

东龙河不仅水能资源丰富，而且多自然奇观。东龙河共有三级电站，其中一级电站位于老村十组。电站上游约400米处，地形独特，形状如牛肝马肺。电站的拦河坝距离三里坝社区4千米左右，拦河坝上游约500米处为头道河，东龙河峡谷自此始。依次上溯共有13道河景，道道皆美景。其中10道河景在三里坝社区管辖范围内，尤其以五道河风景（地名大瓢）最为优美。东龙河峡谷多瀑布，当地人根据水帘和浪花形状，分别给不同瀑布取名牡丹、五龙、金鞭等。徒步峡谷可观千姿百态的瀑布群，探谷之幽深，寻河中奇石，品水之甘甜，吸林中富氧，

三里坝老街（郎正邦 摄）

听百鸟吟唱。

东龙河右岸就是东龙山山脉，如蜿蜒奔腾的巨龙自北向南从茅田向建始县城方向伸展，平均海拔约1100米，海拔最高的山峰望天坪海拔1563米。

三里坝社区有许多叫作"包"的地方，包应该比堡小。包既有地形写真也有人文写意的成分，如周家包应该是周家所住的一块高地。狮子包也许说的是地形如狮子，村民说民国时的乡公所和学堂书院也位于狮子包，现痕迹无存。古树包位于现三里中学，校园内目前仍有挂牌保护的古枫香树两棵，树龄均为300年左右。略小的一棵高约20米、树围约1.2米。略大的一棵高约22米、树围约1.3米。这些古枫香树与保靖街来历一样，都是三里坝社区传统文化待解的谜，神秘而古老。据统计，整个三里乡树龄300年以上的古树有6棵，分布在扎鱼口四组、马坡一组、三里坝社区的古树包。

离省立六高遗址不远，有一处令人难忘的地方，它就是景致独特的天鹅观。这是一座古庙，位于群山蜿蜒的斜山坡上，它坐北向南，既无院落耳房，也无参天古木，更无琉璃殿顶和飞檐斗拱，显得浑朴自然，和四周景物融为一体，构成独特的意境，引人入胜。民国时，天鹅观殿堂分上下两幢，中间有个小天井。没有笑面罗汉和无量寿佛，也没有僧人，有的只是香炉、神卦、神签、蒲团和几尊怒目金刚、天将山神。六高第十一届毕业生秦德利曾在上面写过一副楹联："古寺无僧，任信士进出供奉；山门不锁，随游云吞吐藏封。"

天鹅观门前左侧的草地上，长眠着六高的几位老师和十几位病逝的学生。学生们生前离乡背井，负笈千里来鄂西求学，矢志击败日寇、收复河山。谁知他们壮志未展，却不幸病死他乡。童伯权老师在陈志文同学的碑上这样写道："其志尚文，世乃尚武；予欲问天，天则不语。亡之命也夫！"

# 村庄人物传奇

三里坝社区是一个多民族共居的社区，土家族、苗族、回族、汉族等民族杂居在一起。黄姓为第一大姓。马姓也是社区的大姓，且在三里乡也是大姓，多为回族人。马姓人家应该与古驿道有关,三里坝社区旧时是驿道上的商业口岸,贸易远至宜昌、奉节等长江口岸。马姓人家顺着交通要道到此营商,就此安家。

据抗战期间省立六高的学生回忆,三里坝有一位美髯拂胸的清末秀才,姓贺,70岁高龄,常着一袭笔挺长衫,手抱着擦得铮亮的白铜水烟袋,漫步街头,成为当时一道风景。详情现已不可考。

三里坝社区流传着抗日将士罗虎成的事迹。他真名罗元瑞,生于1912年,系川军一员,官至副营级。罗虎成生于重庆巫山县大昌镇。大昌为历史重镇,在巫山县北部,秦、汉、清时为县治所,民国年间置大昌镇,处渝陕鄂三省交界之地,居大宁河北岸。罗虎成父母均被侵华日军飞机炸死。他曾参加李宗仁指挥的台儿庄战役,在此役中身受重伤。上级长官告诉他,离开部队逃命去吧,他就带伤离队,此后伤一直未愈。他于1942年来到三里坝,隐姓埋名,直到1974年去世。罗元瑞夫人汪光明,出生地不详,随夫移民到三里坝。她悬壶济世,融入当地社会,成为远近闻名的老中医。其子罗良申,生于1955年,会接骨,会治跌打损伤,行医南至建始县花果坪、景阳、官店,东至巴东县,远至神农架林区,曾在黄陂泡桐镇开诊所3年。

现三里坝社区农工商各业兼营,多能工巧匠、奇人志士,可谓人才辈出。非物质文化遗产省级传承人就有3位,他们是黄宗平、罗伦秀和吕守芹,州级、县级传承人则有10多位。目前还有社区的艺人在恩施女儿城表演《黄四姐》。乡文体中心主任杨会是研究喜花鼓的专家,与人合编有《黄四姐民歌大全》《黄四姐民歌赏析》。

三里坝社区还有与生产生活事项有关的匠人,如铁匠李正兵,会制造农具,其爷爷辈会制造土枪土炮。木匠田明应会打制嫁妆,会雕刻,也会建房。篾匠黄显棋会编织农用器具。但这些技艺现已面临失传境地、后继乏人。

## 喜花鼓习俗

关于喜花鼓的起源,可追溯到清雍正"改土归流"时期,距今已有200多年。

建始的姑娘生小孩的第二天，女婿要提上一只鸡（若是男孩就提公鸡，若是女孩就提母鸡）和一挂鞭炮到岳父母家"报喜"，走进岳父家，将鸡放在堂屋桌上，点燃鞭炮后喊："亲爹亲娘，报喜哟。"岳父母看见桌上的鸡，就知道女儿生了男孩还是女孩。随即，岳父岳母要给女婿猪蹄、母鸡、鸡蛋等，让女婿先背回去给女儿发奶水。第三天，岳母到女婿家给外孙"洗澡"，也叫"洗三"。然后，双方父母商定吉日整酒打喜，称"整祝米酒"。如果确定在小孩出生后满30日的那一天，则称为"满月酒"。到了约定的这一天，岳父母邀约亲族和本房亲戚好友筹备礼物同到女儿家当姥姥，也叫"送祝米"。同行者少则十来人，多则百十人。大家挑着担子，抬着抬盒（专门用于打喜时装礼品的木盒，分多层），浩浩荡荡，十分有排场。担子和抬盒里装着衣帽鞋袜、被窝蚊帐、鸡蛋面条、大米糖食、米酒猪蹄等礼品。走进女婿家大门，大家将担子和抬盒在堂屋中一字儿排开，一番说辞交接完毕，然后女婿家摆酒席隆重款待。

"整祝米酒"一般持续一两天时间，亲戚朋友、左右邻里都来送礼道喜。当夜深席罢，因无宽裕床铺供客人休息，又无其他活动可供娱乐，人们为排遣寂寞，就跳舞唱歌，打闹嬉戏，既是对主人家的庆贺，又是一种消遣。跳舞时，通过简单的化装，随便拿一件东西（扫帚、草帽、扇子等）作道具，在堂屋中喧闹起来，一边唱一边跳。开始由双方的亲家公和亲家母同跳，然后其他客人跳。开场时，男方亲家公头戴破草帽，左手高举烂扫帚，右手执个破芭扇，嘴里含根旱烟袋，女方亲家母则手执包头帕，两人便开始载歌载舞。刚开始男方做扭捏状，女方做害羞状，提臀摆胯幅度较小，在亲朋好友的喝彩声中，双方逐渐放开动作幅度。亲家公摆胯蹲裆跳起小碎步，以顺时针方向转动，手里的破芭扇、烂扫帚、嘴里的旱烟袋配合脚下动作或上扬或平举或左右摇摆，脸上做出嬉皮笑脸的表情。这时两边亲戚开始互相帮腔，形成群舞。家庭条件好的，这时会拿出上好的白酒来供客人饮用，还燃放鞭炮以助兴。到深夜，男方亲戚则把打盹的外婆、舅母、姨妈的脸用锅底灰抹成花脸，拉拉扯扯推进表演队伍。大家彼此戏弄，边唱边舞，根据歌词内容和旋律，轻松活泼、千姿百态地表演起来，这时唱的歌词多为戏谑、打科插诨类。在一阵阵欢歌声和令人捧腹的笑声中，人们迎来第二天的曙光。

"打花鼓子"经过历代土家人在"整祝米酒"时传唱表演，逐渐变成了花鼓戏。花鼓戏表演时最少四人，且需辈分相当。两人一对，四人同跳，其中一人扮丑角，舞蹈动作以一左一右的同边上步、提胯下沉为主要特色，一步一拍，动作随意，视歌曲内容即兴发挥。热情奔放的乡亲们在春节或红白喜事时，都可以舞之蹈之。一般没有人数限制，但都需要人数成双、能够相互配对才行。

表演喜花鼓有一定的禁忌：一是只能唱吉祥祝福恭喜类的民歌；二是一首歌必须唱完，不唱半头歌，寓意新生命完美无缺、健康长寿。

花鼓戏融舞蹈与吟唱为一体，凭三寸之舌现编现唱，押韵顺口，或四句或六句，因各地方风俗传统不同各异，纯属自娱自乐。一般在一个简单的引子后，接唱《黄四姐》《郎爱姐好人才》《探郎歌》等数十首民歌。悠悠岁月、大浪淘沙，历代艺人打磨，形成了《黄四姐》《苏州打货杭州卖》《闹五更》等30多首喜花鼓曲牌。其中尤以生动、欢快、内涵隽永的《黄四姐》最为优秀，是每次喜宴的必唱歌曲。

《黄四姐》是《喜花鼓》套曲的第四折，最早由花鼓小调《货郎歌》演变而来，是民间流传下来的一种独特的艺术形式。而民歌《黄四姐》艺术地呈现了各民族之间的交往融合，互联互动互取的开放和认同，你中有我、我中有你的文化交融盛景。20世纪50年代，老文艺工作者王华英等对《黄四姐》进行了整理。1958年，在建始三中读书、年仅15岁的崔珍珍与搭档张建东联唱《黄四姐》，参加县里"八一"建军节汇演。《黄四姐》首次在建始县城亮相，引起了社会各界的广泛关注。1958年，由三里乡老村艺人严钦秀、张前秀等两男两女对唱对跳，将《黄四姐》唱响恩施山城，继而在省城参加中南十五省文艺调演，以后又多次参加国家、省、州文艺调演。20世纪70年代，孙友维、张建东、崔珍珍等文艺工作者对《黄四姐》从曲到词以及舞蹈动作再次进行了改编，在保持原有风格的基础上，使之更容易被人接受和传唱。20世纪80年代，三里文化站熊军三等对喜花鼓传人姚昌珍、黄宗界、张前秀、严钦秀等十余人详细咨询，初步了解到喜花鼓《黄四姐》的起源和形成情况。1983年鄂西土家族苗族自治州成立时，三里乡的《黄四姐》与茅田乡的《车车灯》、长梁乡的《丝弦锣鼓》等节目参演建州文艺晚会，《黄四姐》受到特别青睐。此后，《黄四姐》作为建始的保留节目，在云南、贵州、重庆等地演出。20世纪90年代，中央电视台音乐频道记者专程来到建始了解《黄四姐》，并三次在《民歌中国》专栏全面推介了《黄四姐》。2002年，《黄四姐》被央视录制成民族风情片，同年11月20日在西部频道"黄金旅游线"播出。2004年，中央电视台青歌赛民族唱法银奖获得者、建始籍歌手陈春茸在颁奖晚会上演唱《黄四姐》。2005年央视春节文艺晚会，建始歌手文建华演唱《黄四姐》。2005年7月，新浪网将喜花鼓《黄四姐》制作成TV，点击人次突破了1000万。同年，《黄四姐》登上央视春节文艺晚会。2007年，《黄四姐》获湖北省"经典民歌"称号，喜花鼓习俗入选湖北省省级非物质文化遗产名录。

## 民国湖北省立第六高级中学纪事

1938年7月，侵华日军大举进攻武汉，湖北省立各类中等以上学校合并改组为湖北省立中等以上联合学校（简称联中），决定向鄂西和鄂北迁移。

由湖北省立武昌高中（通称省高）、武昌中学（通称省一中）、宜昌中学高中部、江陵中学高中部等校合并组成的湖北省立联合中等以上学校分校，原计划迁往鄂西北的武当山，委派原武昌中学校长郑万选（字尧夫）为分校主任。由于武当山地理条件欠佳，无法养活学校初高中师生及家属一千多人，加之战局危急，大批学生汇集到沙市，急需另觅校址。湖北联中一千多名师生从宜昌连夜乘木船渡过湍急的江流，踏上施宜大道徒步向鄂西出发。队伍抵达鄂西重镇野三关时，已经是冬天，天上飘起了鹅毛大雪，而新校址还没有着落。在此危难之际，他们经省建设厅厅长石瑛先生的指点和建始县县长的帮助，最终选定三里坝这块有水、有粮、有柴烧、有房子住的地方作为联中的校址。1938年12月，西迁学校终于落户建始三里坝。

负责打前站的事务主任鲍绍武先生首先购料请工人赶造了一批简易的课桌

长凳和双层架子床,接着又赶建厨房、饭厅、教室、图书馆和厕所。木结构的厨房、饭厅和学生宿舍,十多间土墙茅顶的房屋分立在小河的两旁。周家堡上建起了方阵形的干打垒土墙的教室和图书馆,共有十几间,屋顶盖的是茅草。依着地势,坡上教室有"回"字形围墙;坡下沿溪两岸,是一条龙式的建筑群。这些建筑虽然简陋,但依山傍水还算整齐雅观。大河上架起一座木桥通向河滩的大操场,乡公所旁边还辟了一块篮球场。整个校舍建筑面积约4000平方米。短时间内办齐一千多名学生生活和学习所需要的基本物资,校园也颇具规模。

当时的三里坝集镇是一条总长一千米左右的丁字形小街,

校址石碑(龚志祥 摄)

街面砌石。街上有邮政代办所,有几十户店铺。东头是几家粮行,西头是几家餐馆、客栈,另外还有骡马牲口市场。这些店铺的楼上,都腾空作学生临时宿舍。刚到三里坝时,全校初高中师生及家属一千多人就分住在这条街的各家各户中。初中一年级学生就住在向永顺客栈的楼上楼下和左右几家,学生和店主相处得十分融洽。吴玉庭先生有三栋刚刚竣工的木架石墙三层楼房,全部被借用了,住进了好几百名学生,其中还有几间还做了学校校政厅。当武汉、鄂东和江汉平原的一批批流亡学生涌进三里坝后,山镇人口猛增一倍以上,这个宁静的世外桃源从此沸腾了。

1938 年 12 月，联中开学上课，高中、初中共 24 个班，全为男生，师生员工 1300 余人（其中教师 73 人）。不久学校改名为湖北省立联合中学建始三里坝分校，1939 年 7 月更名为湖北省建始中学（简称建中）。1940 年 4 月，初中 12 个班迁往宣恩高罗，建始中学更名为建始高中。同年 9 月，建始高中又改称湖北省立第六高级中学（简称六高，本书下称六高）。抗战胜利后，六高于 1946 年迁往宜昌。一部分教师则离职回武汉，同年在武昌昙华林武昌中学旧址另行建立武昌初中，后改为武汉大学附属中学，其后又改为武汉市第十四中学。无论"联中""建中"还是"六高"，都是建始这一带的最高学府，六高的学生也是这里的百姓仰慕的高材生。

在联中的各个分校，六高的条件算是得天独厚的。它是以省高、省一中学生为主体，兼收其他学校学生组成的完整高中、初中分校，不仅教学设备齐全，而且图书之多，为各分校之冠，很多孤本珍本都有收藏。除此之外，六高的老师，在湖北教育界也是久负盛名。学生则是从全省择优录取的，从入学到毕业的几年，还要经过严格的筛选淘汰。学生不仅学业成绩优异，而且思想活跃。

由于日寇侵略，大家深感国难当头，必须救亡图存，遂以卧薪尝胆的精神，刻苦学习，孜孜不倦。除英语、数学、物理、化学等学科有课本外，其余如历史、地理、生物甚至国文等学科都没有课本，全靠老师在黑板上抄写。文具更是缺乏，没有钢笔和墨水，学生就使用毛笔和土纸。好几个同学轮流使用圆规、刻尺、量角器等，如周转不及时，学生就用笔筒画圆。

随着武汉、沙市、宜昌相继沦陷，学生们的经济来源几乎断绝，全靠很少的公费维持日常生活。来时随身带的衣物日渐破旧，到后来有的学生已经衣衫褴褛，一年四季穿草鞋。学校每两年发一套棉衣、每年发一套单衣，布料是麻袋一样的粗布，纹路稀得可以作米筛。吃的主食是玉米与大米，按七三比例搭配。早餐是大米稀饭，占去了一成，还剩二成大米和七成玉米，作为午餐和晚餐，基本只见玉米不见大米，且玉米有时发了霉，有时掺有大量砂子甚至马粪。

六高在学生中民主选举伙食委员，这在当时学校中是个创举。以往学校的伙食，一向是校方办，学生是不过问的。由于学生多，都在一口锅吃饭，校方人又少，自然难办好。当时在山村中，购物不容易，加之主食是玉米、伙食费发得又少，校方也是巧妇难为无米之炊。鉴于这种情况，学生班级会决定各年级选举自己的伙食委员，发动学生，利用课余时间上山砍柴背柴，解决烧柴的问题；师生们自己磨玉米、打豆腐，到附近农村订购与预购蔬菜，解决主副食问题；人力上，学生轮流帮厨。这样一来，伙食有所改善，有时一周可以吃到一次肉，三天可以吃一次白米饭。打牙祭时，大家欢天喜地，听候伙食委员分肉分饭。学生们每月得到离学校十多里的山上背一两次柴。没有扁担背篓，就在树棍上缠些破布当扁担使，结果还是有学生肩肿皮破。不过，走在盘旋的山道上，学生们倒也很有兴味，有的唱歌，有的大嚷大叫，颇有海阔天空任我游的舒畅。

流亡的老师，流亡的学生，大家同有一颗爱国的心。老师课余时总是到学生住的房里谈学习、扯家常；晚上在桐油灯下，辅导同学们学习。在大敌当前、国土沦丧的历史背景下，六高的师生员工同呼吸共命运，教职员工视学生为子弟，学生视教师如父母，他们共同生活在穷山沟里，亲如一家。

学生们初到三里坝时，自周家堡至横街头，一路高歌。马丝白老师和一些有革命背景的同学，为大家带来了《在太行山上》《古城颂》等抗战歌曲和流亡思乡的曲子。每当月白风清的夜晚，悠扬的歌声在三里坝的山谷中回荡。直街上，有同学组织了娃娃唱歌队，每天晚上带领他们唱歌，小镇为之震撼。白天课余之暇，抗战歌声在小河边教室内此起彼落，一浪高过一浪。从嘹亮的歌声中可以听到学生们的爱国热忱、抗战必胜的信念和中华民族的觉醒。

由耿长寅老师作词、马丝白老师谱曲的联中校歌，传遍了整个三里坝：

莽莽江汉，自古称雄，亡秦三户建伟功。日月骤暝，烟雾朦胧，抗战建国诞联中。巍巍黉宫，岭叠山重，莘莘学子，弦歌一堂坐春风。

扫荡瑕秽，恢复光荣，奠定邦国，复兴民族跻大同。

后来，大家转向唱戏。大家组成班子，互教互学。没有胡琴，自己制造。在三里坝，古典的"游艺"和琴棋书画，样样俱全。尽管没有钢琴提琴，但自造的京胡、二胡有的是。还有人用沙丁鱼罐头盒做成类似三弦的乐器。棋类除象棋外，围棋也盛行。没有棋子，大家就到河里捡卵石，涂上黑墨，敷以桐油，就成了黑白分明的棋子。

学校的体育器材仅有几个篮球，历年来补了又补，被修理得"体无完肤"，连反弹回来的方向都难以预估。在提倡篮球运动之余，学校也提倡踢毽子活动。后来学校还做了些单双杠、木马，使体育活动稍有所拓展。在一次全省毕业会考后的运动会上，六高夺得了多项冠军，且获得总分第一的成绩，令湖北教育界刮目相看。

六高的课外活动丰富多彩。琴棋书画各得其所，诗词歌赋悉数登场，登山攀岩皆为运动。有人视背柴推磨为锻炼，有人把打坐参禅当修身。他们或联欢结社，或演剧办报，或历险探奇，无所不有。六高第五届毕业生朱忱游览三里坝后，写下了《坝上八景》诗，赞扬坝上风光，表达抗战豪情，咏叹身世的飘摇，抒发似箭的归心：

狮林积翠

誓说烟云扫，行歌翠黛中。不为玄豹隐，终见赤狮雄。

古木凌空碧，晴霞补径红。登临声一慨，兵火万方同。

龙洞通幽

洞口不知处，山深客到稀。探骊忘险戏，揽胜入幽微。

云里思天矫，泽中欲奋飞。他年霖雨降，一啸看龙威。

呼鹅听月

闻道漫漫夜，广寒宫里歌。星河波浩渺，素女舞婆娑。

玉兔杵灵药，金风斧桂柯。天鹅遥听取，呼笑月明多。

走马寻源

休息为廉让，此间无俗喧。岂甘哭歧路，还欲识深源。

径仄容鞭马，崖悬许啸猿。莫教出山浊，留饮共忘言。

破桥夜雨

四顾迷茫里，履危旧板桥。孤村灯隔岸，寒雨夜通潮。

题柱名犹浅，咏归路却遥。行行无限感，身世太飘摇。

落剑峡潮

天地同掀震,鱼龙吐气豪。云藏林壑古,潮落峡门高。

暂此烟尘避,岂将姓字逃。剑横秋水冷,当斩海东鳌。

古枫夕照

枫老丹心见,迎凉战一场。遥天惊野火,大地感新霜。

碧染秋风色,红争春日妆。关山原信美,无奈踏斜阳。

小溪暮砧

日落溪烟暝,飞鸦点点惊。谁怜着衣薄,人美浣纱轻。

野旷催寒气,风高动别情。欲归归未得,愁急暮砧声。

三里坝在战火中歌声不辍,曾使过往的抗日将士为之动容,鼓舞了他们抗日杀敌的士气。有些军队的文工人员主动与六高的学生联欢。不管生活如何艰苦、疾病如何侵夺、日寇如何威胁,三里坝人始终保持着旺盛的斗志。六高的学生,为抗战炼就了剑胆琴心、铮铮铁骨。

六高自1938年西迁建校,至1946年迁回宜昌,在9年多的岁月中,输送毕业学生共1500余人,为国家、为民族培养了精英。一部分学生毕业后考入省内外各大学,成为著名专家和学者;一部分学生在抗日烽火中投笔从戎,抗击日本侵略者;一部分学生加入中国共产党,从事党的地下工作,甚至献出了宝贵的生命,如陈以文、张国维被国民党反动派杀害于解放前夕的重庆渣滓洞集中营,牺牲时不满30岁。新中国成立后,六高学生在祖国各地的各条战线上取得丰硕成果,正如"联中"更名为"六高"后的校歌写的那样:

武陵山高,东龙水长,巍巍我校,光耀夜郎。是坝上文化的基地,培养出抗战的力量;是坝上文化的摇篮,培养出建国的栋梁。优秀的儿女在这里快乐地歌,自由地唱:中华民族万寿无疆!

走近

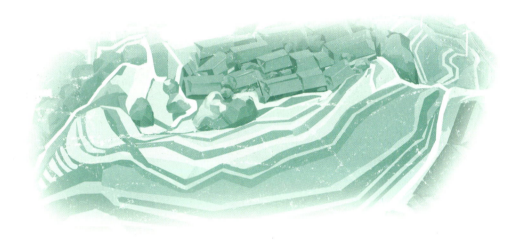

# 高山仰止
## ——望坪村

## 高山之坪的村

望坪村地处高坪镇西北,坐落在一个群山环抱的天然盆地中,平均海拔1100米,青林河自东向西流过望坪。村辖面积11.75平方千米,其中耕地4158亩,山林面积2297.8亩(据望坪村村委会2020年统计数据)。2012年望坪村更名为望坪社区。

望坪村远景（谭明智 摄）

望坪村历史悠久，志书多有记载。清道光版《建始县志》载："望坪，在城东，距城百二十里。建邑峰峦栉比，或数里或十数里之平则曰'坪'，如七里坪、河水坪是也。人行山中，偶遇夷旷，则心目开朗。而兹坪境尤其胜，畦塍比连，棕柳间映，颇似江南风景。坪中崛起石峰，山脚周围不三里。而岩峣直接霄汉。外山环为垣墉，中峰则孤撑一柱也。"

望坪村人口快速增长始于清朝。清康熙三十三年（1694年），康熙颁布《招民填川诏》后，姜、方、刘、杨、鄢、文、罗、谭等姓氏陆续规模化移民到此安家兴业，此地遂兴旺发达起来。1949年后，望坪村逐渐形成小街，为乡、公社、管理区各级基层政府，以及村、大队、村民委员会、居民委员会机关驻地，学校、邮电、医院、商铺逐步兴起。20世纪60年代初，这里修筑渠道，引青林沟水，解决居民生活用水和生产用水问题；20世纪70年代，这里修通从青里坝到望坪的公路，交通得以改善，并正式通电；进入21世纪，这里发展迅速，现沿河两岸已形成长达千米有余的街道。

望坪村过去有龙沟、青林沟和白水溪沟三条河道，自东经坪坝蜿蜒西流，形成"九岭十八沟"地貌，容易造成连年水患。清光绪二十六年（1900年），望坪村富绅冯述悦带头捐款治理水患，他与其他捐款者共61人的名字被镌刻在"望坪堤工天坑碑"上,该碑位于望坪社区十八组石柱观下,高约1.4米、宽约67.5米、厚约0.1米,无盖。碑额刻"同归于善"四个正楷大字,右首竖刻《堤工天坑碑记》。碑记记述望坪屡遭水患、当地乡绅冯述悦带头募捐、凿洞排涝、修筑河堤的事迹,文中写道:"望坪四山环抱,中若仰盂,其形不利水。然数百年来,亦未闻有沉沦之患者。盖塘坝西山麓有洞一,大则大消,小则小消也。泥沙填积,遂致河与岸平,洞外半就淤塞。昨丁酉、戊戌二年间,即淹没数次,几成陆海,岁因大饥。时有本坪富绅冯心斋(述悦)者,公平正直,好施乐善,曾迭膺赈巢局首。因目击心伤,思欲大拯沉溺,建永赖功。会办赈委员朱公到局,因商之,蒙许可,慨助钱五十千。旋亲禀县主曾公,亦助五十千。乃大募境内,又得百余千。遂议凿洞杀流。相机度势,因地制宜,酌人分司其事。期孟冬兴作,计青林沟开洞二,龙沟一,白岩嘴二,刘家湾二,下坝一,又窑湾修堤一,凡三月而竣,次年果大雨,归壑者概沿河消减。秋遂大获,增约数千石,歌颂不辍。"

## 穿越村落历史的文化

望坪有文字记载的历史可追溯到宋代。宋乾道元年(1165年),王十朋(字龟龄,号梅溪)从饶州经建始到夔州赴任知府,行经望坪蟠龙山。其好友张淳友作《送王龟龄守夔》诗送行,诗中有"此行经业州,饱看峰一柱"之句,就是赞美望坪石柱佳景。

20世纪80年代初,塘坝子村六组社员黄永春、谭达义在田间劳作时挖出一套(红)铜编钟,重约18.5公斤。同一时期,村民杨黄荣从青林沟十一组将一口编钟背到供销社销售。据收购员冉景贤回忆,这口编钟有十几公斤重。附近响水寨村、小窝坑村也有编钟出土。可见望坪村及周边的历史文化遗存丰富。

## 蟠龙山上石柱观

望坪坝子北有一石柱高峰,古称蟠龙山,高约51米,筑基周长约223米。石柱连接地面与三个溶洞相通,溶洞呈三足鼎立状。大溶洞里有若干小溶洞,洞洞相通。清同治版《建始县志》记载："望坪山，在县东北一百二十里。山脚周围不三里，而岩峣直接霄汉，外山环为垣墉，中峰则孤撑一柱也。"明嘉靖年间（1522—1566年）蟠龙山上修建有道教楼观，始称朝真观，后名石柱观。朝真观在石柱峰顶，海拔约1112米，砖木结构，正殿为六棱形四层亭阁。

蟠龙山远眺（谭明智 摄）

望坪山脚保存有重修石柱观的石碑，碑文记载清乾隆十一年（1746年）十月重修此观之功德。据碑志记载，石级系施主鄢启达倡导修建，上下共树有石碑12块，其中最大的一块高约1.67米。除五块字迹模糊外，其余均可辨认。碑的两边有一副长联："路长似龙，曲安祥，折安祥，上下二百三十八步，步步曲折安祥；功大如山，福无疆，寿无疆，远近二百四十一人，人人福寿无疆。"从山脚到山顶有238级石阶，依山势盘旋至顶。以前沿途曾有栏杆，一直延伸到山顶，如今不存。唯见石窝、石级嵌于悬崖，行走时让人不敢分心。石阶起始处有一道古门，1949年前有身披盔甲、手持偃月刀的关公雕像镇守，石阶中段有棵"痒树"（紫薇）的地方，设有石凳供游人小憩，旁立一小庙，上书"善恶分明"四字。

石柱观，位于望坪十八组，距社区居委会约800米。现存建筑为清乾隆六年（1741年）重修，观宇坐北朝南，主要由正殿、中厅、亭阁、东西厢房、小庙组成，均系土木结构，占地面积151.96平方米，总建筑面积700多平方米。正殿面阔12.15米，进深7.35米，三面为石墙，内为穿斗式梁架，中立12根圆柱组成四层六角亭阁，每根柱直径0.9米，柱基为鼓墩形石座，亭高10.97米，三重檐歇山式，飞角抵首，以板裹檐。底层四周以石块砌墙，二到四层均以木板装修亭角。亭上绘有山水花鸟，亭顶覆盖清灰布瓦。架梁为圆形、方形杂木结构。穿挑上托"日月"彩绘抬梁；窗户方形棋盘式，楼梯连蛇转，可依板梯盘旋而上亭顶，榫卯错落有致、紧密结合。东西厢房为穿斗梁架，二层木楼，高6.25米，单檐歇山，面阔3.9米，进深4.25米，厢房之间为石级通道。小庙位于厢房前的空地上，宽3米，进深2米，高3米，为四面石墙硬山式。整体建筑建在平坝中的石峰顶上，石峰高51米，从山脚至寺庙修有238步石级山道，长134米。据年长村民回忆，1949年以前，观内设施齐备、钟鼓俱全。钟用熟铜铸成，直径1米，以大树做架子；鼓为单面牛皮，直径0.5米。钟鼓齐鸣，声振望坪全坝。

大殿内曾有朱镛《石柱观题壁诗》：

萧萧关塞戍孤军，铁马驰来日半熏。

冠剑已飘荆楚雪，河山犹是古巴云。

千寻庙貌盘空旋，数点钟声暮烟闻。

眼底红尘飞不到，欲将风色与天分。

中厅三间，为单脊歇山式，覆盖清灰布瓦，有三层楼级，第一级石阶走道长12.9米、宽4.4米、高10米。望坪晚清秀才姜树瑶（1889—1952年）曾撰石柱观木刻楹联：

深山竖奇峰，惜乏名流徵韵事；

绝顶建玲阁，别开奇径达仙居。

正厅耳门为钟楼，亦有一副对联："贤人进闲人莫进，道者来盗者免来。"

中心南侧前另有独立小型庙宇一座，长3米，宽2米，亦属土砖结构，为清同治十一年（1872年）架构。观内及石柱山脚共计有石碑12块，分别记载自明清以来石柱观的兴废史。

道观曾于清道光二十四年（1844年）维修。山脚有时任知县袁景晖撰写的碑文，兹录全文如下。

特授湖北施南府建始县正堂加五级纪录十次袁序

刘子云："山不在高，有仙则名。"李商隐曰："佛地因人成佛宅，仙居何必到蓬莱。"可知自古名山，未有不借仙景而显；而仙景之显，又未尝不因人力而成，粤稽望坪石柱观，原蟠龙山道真观，建邑胜境。自明迄清创建庙宇，久为士民瞻仰，远近壮观。先民之构造大费经营矣！迩来历年久远，未获修葺，上下庙貌半属凋零。予往岁因民事憩息兹土，望其峰峦灵异，刹势飞扬，欣然随喜，以揽其胜。

夫何道路崎岖，栋宇摧残，以致钟鼓空悬，神像颓

立于石柱观下的《堤工天坑碑记》
（李维全 摄）

败，未尝不叹？名山胜地之几湮没于人间也。兹者山僧禀称，士民等萃集同人，共结善缘，建造前殿，重修道路。虽未能华美可观，俨然庙貌一新矣！予也深嘉其好善之诚，且喜其向义之众，爰为之序，以公诸同好，庶集腋成裘，不致仙灵无居，名山就没云。

道光二十四年仲春月吉旦住持道李永久僧林茂文九龄录

1987年5月，石柱观被列为第一批县级文物保护单位；1988年6月，石柱观被列为全州第一批州级文物保护单位，同年10月相关单位开始对石柱观古建筑进行全面维修；1992年12月，石柱观被列为湖北省第三批文物保护单位，同年被《中国名胜词典》收录。"石柱冲天、金盆偃月"属建始胜迹，已被收录于《世界名胜词典》，石柱观条目亦被收载于任继愈先生主编的《中国道教史》。

观音寺是附属于石柱观的古建筑群落，占地总面积二十余亩，系罗氏家族在清光绪年间兴建。寺外有一座高4米、内径一米多的由大理石和金属铸造的圆柱灯笼形的香炉。四步石级进寺门，内有一口大天井，嵌于四合院中。高大的架子木屋中供有作为罗氏家族图腾的关公神像和观音菩萨。十八罗汉姿态各异，陪护在两旁。由于这里的香火不停、四季烟熏不断，寺院木屋显得漆黑一片，让人产生深不可测的神秘感。

## 塔水相依护佑村落

清光绪己亥年至癸卯年（1899—1903年），冯述悦、冯秉孝、姜诗和、杨开板等人组织筹建望坪宝塔。延请10个工匠、耗时近4年的时间建成。宝塔为六棱五级石塔，以灰浆砖，棱面宽2.87米，塔高14.96米，第一层高4米，内径3.16米，内立碑三通，名"功德捐修碑"，记载了修塔经过，每层都有菩萨守护，大的半人高、小的尺余高，塔顶与六角用铁链相连。

清光绪三十二年（1906年），望坪村开明绅士冯述悦牵头筹措银两，组织民众在响水寨牛鼻子洞口外筑坝截水，兴建渠道1.5千米，取名"响水寨渠"。灌溉望坪村中下坝农田500亩。

望坪拱水坝。民国三十二年（1943年）冬，省政府派员来望坪乡设计修建青林沟水渠。农民银行发放贷款238.6万元。该工程抽调该乡200村民，另聘20多石匠师傅，由乡长姜树瑶兼任工务所主任负责组织施工。翌年竣工，共完成溢流坝（拱水坝）1座、进水闸1座、木制渡槽1座、木质倒虹吸管1处、干支渠3条，灌溉望坪村上中坝农田700亩。国民政府组织人力在望坪村青林沟的上河段修建的这项水利工程，当时号称"湖北省第二大水利工程"。高3米、长15米、宽2米的拦水石坝截流当天，县长亲临现场剪彩立碑。石拱水坝将沟中的部分水引入到望坪村扬叉水及以东的渠道，后因无资金掘塘蓄水而废止。

望坪宝塔（李维全 摄）

拱水坝遗址（李维全 摄）

青林沟水库位于望坪村，坝址以上流域面积12.6平方千米，土石坝型，设计高16.6米，库容24.4万立方米。水库于1959年11月动工，1962年6月8日投入运行，总库容28万立方米，是一座以灌溉为主、兼具供水等综合功能的小型水库。枢纽工程主要由大坝、溢洪道、输水涵洞组成。由于年久失修，1984年经县水电局检查确定为危库，国家重新拨款1.5万元进行整修。1987年，通过整修虹道、加固堤坝、整修闸门，水库转危为安，解决了望坪村的人畜饮水问题。

## 烟涵碧落的望坪堰月

望坪堰月原名堰月潭，地处望坪村三组（现为村民王德安住宅），原是一口碧波盈盈的堰池。每当风清月白之夜，水中隐现宫殿（石柱庙宇楼亭的倒映），景色奇绝。偃月，意为半月形。旧县志均作"堰月"，为池中月之意。池潭岸边，原有一棵古柳垂于潭中，人们攀枝近水，颇有"近水楼台先得月"的意味。

"望坪堰月"又叫"金盆堰月"，传说池中有一个乌金盆，月亮照时放光，为建始古八景之一，清道光版、同治版《建始县志》均有记载。康熙四十六年（1707年），刘珙徵任建始县知县时作《望坪堰月》诗：

路转峰回地始平，云开溪净月华明。
烟涵碧落金波涌，影照寒空玉镜莹。
一片清光分上下，两轮皓魄共天青。
登临拟到三秋后，领略良宵仔细评。

## 千米隧洞工程

1970年，塘坝子村委会（大队）研究决定，从11个村民小组（原11个生产队）抽调43个劳动力打通消水洞。43个劳动力分成两套班子，一班从原消水洞入口自东向西凿洞，另一班从东龙河悬崖出水口由西向东凿。两班人马各分成3个突击组，每8个小时换一次，每天24小时不间断。历时8年，两班人马终于在洞内胜利会师。由于当时没有风钻机、烈性炸药、照明电灯，他们点着煤油灯作业，用钢钎、大锤一寸一寸掘进，最终完成开掘出1052米长隧道的任务。"千米隧洞"的贯通使望坪村耕地丰产丰收有了保障，结束了望坪村十年九涝的历史。望坪公社党委、望坪人民在"洞"口为43人立下了"英雄纪念碑"。

千米隧洞洞口（李维全 摄）

# 村落文化与习俗

望坪村是一个土家族、汉族杂居的村落，土家族、汉族的习俗和语言文化相互融合，渗透到社会生活的各个方面。随着时代的发展，不少民族习俗已经消失或正在消失。居民生活观念也随着社会的前进而不断更新。在历史上，望坪村的自然崇拜、祖先崇拜、多神信仰均存在。

天主教堂遗址（龚志祥 摄）

　　1949年后，村庄曾经一度盛行扭秧歌，无论大小会议，会前都要扭秧歌，节日期间更是组织、培训秧歌队。秧歌队的领队手举镰刀、锤子在前，随后是扮演工、农、兵、学、商的角色列队，场面十分壮观。改革开放前，村庄男孩结婚，男方有坐"十弟兄"的习俗；女孩出嫁，女方有陪"十姊妹"的习俗。村民家里生了孩子，就打喜花鼓。如果村里有谁家里死了人，会在灵堂打丧鼓送别亡人。民歌在村庄生活中占有一定地位，村民过红事时晚上坐夜，众人唱民歌；在农田劳作时也喊山歌，以薅草锣鼓最为出名。节日文化以过春节最为浓厚，村庄艺人自发组织形式多样的文艺活动，如玩狮子、打罗汉、采莲船、打连厢、装蚌壳精、拉犟驴等。

## 村落人物

　　自清政府颁布《招民填川诏》起，姜、方、刘、杨、鄢、文、罗、谭等姓氏陆续从荆州、湖南、江西等地移居到望坪村生存繁衍,与本地人和睦相处。村庄人杰地灵、人才辈出。

谭道隆,生卒年不详,望坪礼士坝人。曾于清末留学日本,归国后在陕西任知府,祖孙六代为官。其父谭邦达为国子监钦加同知衔,曾任甘肃知县。谭道隆三子谭敬善36岁时升任潜江知县,在上任途中因突发疾病暴死而未能就任。谭道隆在谭氏家族中堪称德高望重,深受晚辈敬仰。谭道隆在关中任职期间,三年内两个弟弟先后病故,他在一挽联中写道:"前年关中哭二弟,已极痛心,讵今日手足又分,问天何忍?死后地下见双亲,仍当绕膝,倘问道孤寡谁托?有我承担!"足见谭道隆手足情深和孝悌厚德的情怀。在关中任职期间,谭道隆曾回家省亲祭祖,随从80余人,瓜锤钺斧,遮阳旗伞,前呼后拥,甚是气派。当时谭道隆的父母俱在,距家约百米处他即令停轿,下轿步行。身为县太太的刘夫人,因终日在家伺候二老,没见过世面,见此阵势,吓得目瞪口呆、不知所措,慌忙中钻进牛圈楼上的玉米壳叶里。待谭道隆安排停当后,一直未见夫人露面,问及家人,均谓不知。于是他随家人一道提着灯笼满屋寻找,最后在牛圈楼上玉米叶里找到她。谭道隆问:"我今日回家省亲祭祖,你身为县令夫人,为何躲藏?"夫人说:"奴家身份卑微,体貌丑陋,这身打扮,恐有失你的体面。"谭道隆说:"休要自责,你的终身已托付于我,我怎会因官位而嫌弃你?"于是便让妻回内房,梳洗换装,然后随他一同步入厅堂神龛前叩拜祖先。谭道隆与夫人相守一生,忠贞不渝,共养育了五男八女,刘夫人后来随夫定居陕西直至病故。

姜英略,望坪人,清贡生,太学生,生卒年不详。姜氏祖居湖南桂东县。姜英略于清道光十六年(1836年)回桂东祭祖时作诗词二首。

(一)

楚树川云各一天,还乡走马路三千。
空将祭物临荒野,但送哭声到冥泉。
泪血徒悲宗祖杳,精灵却与子孙联。
可怜酬奠人归后,日日孤烟锁墓前。

（二）

转建邑临行叹曰

千里遥遥回梓桑，停杯执笔不堪伤。

沿门未见读书子，满眼尽看田舍男。

古屋几间悲冷落，荒丘数蒙憾凄凉。

明朝我回建阳去，俯首归分泪两行。

冯述悦（1855—1922年），又名冯心斋，望坪村三组人。一生经历了清咸丰、同治、光绪和民国四个时期。光绪年间，成人立志，任地方团总，也是当地有名的乡绅。冯述悦为官一任造福一方。在兴修水利方面他立下功德。清光绪二十六年（1900年），冯述悦自捐钱财，并奔走劝募，用于兴修水利工程，次年望坪村大雨未涝、增谷千担，至今传为佳话。他被朝廷赐予"文林郎"（正七品官衔），望坪村人至今传颂。

姜祠臣（1873—1951年），又名姜文林，望坪村二组人。一生主要教私塾。他天资聪慧，勤奋刻苦，学有所成，成为"八进八中"的秀才。凭他的学识功底，足以在朝廷任个一官半职，但他挚爱教育，因此多次放弃入仕机会，朝廷曾赐他木匾"青云德露"，以资鼓励。他的学生说他对四书五经能倒背如流，对他的人品和学识都十分敬仰。

姜树瑶（1889—1952年），望坪村人，派名姜文良，号树瑶，晚清秀才，因排行第二，人称"二老爷"。曾任团总、监利县副县长。有《题望坪小学楹联》《石柱观木刻楹联》墨宝传世。姜树瑶先生六岁时与吴经明对对联的佳话现仍在村庄广为流传。据传，吴经明先生在姜家玩，有意试探小树瑶的才智，吴出上联"磨大眼小齿轮轮吞粗吐细"，姜对下联"秤直钩曲心朗朗知轻识重"；吴又出上联"姜羲美六只羊角"，姜对下联"朱先生三个牛头"。吴经明先生赞其为"六岁神童子"。1942年，新修望坪中心小学落成，校门悬挂姜树瑶所撰木刻对联"愿石柱钟灵，产生冲天杰士；将金钟猛撞，觉醒当地蒙童"。

冯楚伯（1909—1953年），又名冯国宝，望坪村三组人。冯楚伯从小受到祖父冯述悦的言传身教，立志报国。1926年在武汉求学期间，担任建始县留省学会《会刊》副主编。他主理《会刊》事务并发表文章，主张教育改革，要让孩子们都能上学，促使优秀子弟奋发向上。后考入黄埔军校第六期，官至少将师长，亲率将士参加淞沪保卫战，在战斗中身负重伤，后到军校任教，最后因身体原因转地方工作。

姜树南，又名姜国沛，望坪村人，民国十四年（1925年），建始正处于军阀混战、兵匪交加之际，鸦片泛滥，经济不振，教育荒废，吏治腐败，民生凋敝。时在武汉求学的姜国沛、冯国宝、冯国学、谭桂芳等35名建始籍学子，为拯救桑梓，特组织留省学会，并创办《会刊》，姜国沛任办事部主任。民国十五年（1926年）元旦，《会刊》创刊号在武汉发行，主要内容是建议桑梓办教育、兴实业、除陋习、禁洋烟。姜国沛在《会刊》上发表《鸦片之害》《教育与社会之关系》等论文。谭道隆为其撰写《祝词》。

# 文兴之地
## ——卸甲坝村

## 卸甲走天下的村

卸甲坝村是建始县长梁镇天生桥片区的一个行政村，共13个村民小组。村委会位于二组，属于该村中心位置，所在地海拔约840米。

卸甲坝村的人口主要分布在以村委会二组所在地为中心的小盆地，盆地

卸甲坝村一角（龚志祥 摄）

周边的山上只有少量住户居住，部分自然条件艰苦的山上村民在精准扶贫政策支持下，已搬迁至二组进行安置。各组以村委会为中心大致呈扇形分布，东边一组，与江家垭村、鹿鸣村为邻；南边分布着三、四、九、十、十一、十二组，与后山湾村接壤；西边五、六、七、八、十三组，与榨茨村相依；村委会二组位居北端，背靠与鹿鸣村、肖家坪村分界的大山。榨茨河流经双河口村、榨茨河村，然后经卸甲坝盆地，向东流往天生桥集镇。八、五、三、二、一组顺河分布在河流两边肥沃台地，李姓、刘姓、马姓、谢姓等姓氏人家在此繁衍生息。

卸甲坝村自然风光秀丽，盆地主要是农业耕作区，周边山地以林业和多种经济作物为主。村庄产业以农业为主，多种植玉米、土豆、红薯等传统农作物，近几年开始种植中药材。家庭养殖业以养牛、羊、猪为主。村民多外出务工，也有在外创业和经商的成功人士。

## 文脉兴盛的村落

卸甲坝村的村落文化丰富厚重，影响深远的当属耕读传家的乡风，泽被村民至今。近代以刘鼎三为代表，在村庄兴学、进行文明教化，鼓励乡民努力学习，出则为国家效力，入则为乡邻护村。良好乡风传承至今，村庄人才辈出，各行业精英不断涌现，文脉不断延续。

村里现存古老的房子并不多。1949 年前，村庄多为土房子，最高为三层，但少见，多为富裕家庭修建。一般修建两层，一层的居多。现村里老建筑存在时间多在 100 年以内。20 世纪 50 年代修建的大队所有的房子属于村里现存的古老建筑，实行承包责任制后，房屋归马姓人家所有，基本保持原样，但房子破损较严重。只有大门保护较好，高 7.88 尺、宽 5 尺，木制横梁粗壮，略显当年气派。

卸甲坝小学建筑也是村庄的古老建筑。学校建于民国时期，由刘鼎三先生捐资筹资修建，属于私立学堂，仿两湖师范学堂修建。学校建立之初仅两排木房子，属排屋，南北相望，东西通道，还有球场之类的运动场地，因设计问题，后重修了一次。建校过程中，茅田乡绅冯遇伯给予赞助，给建校民工提供部分粮食。学校建成后，最初名为石峰小学，每年在校学生 200 人至 300 人。1949 年后，成为

卸甲坝小学（龚志祥 摄）

公立学校,校名发生变化,先后更名为益新小学、卸甲坝小学。后由于教学需要,学校进行改扩建,20 世纪 70 年代末建成了石头墙的教学用房。2019 年下学期卸甲坝小学被撤销,村里适龄儿童转到天生中心校上学。

二组唐家老屋保存较完整,据年近 90 岁的唐传海老人讲述,老屋系 1965 年修建,5 柱 4 骑,原有 12 间房,两边还有厢房。后西边厢房被拆毁,现只留下正屋 5 间、厢房 4 间。

据村里年长村民讲述,位于二组庙湾的刘鼎三先生老屋,气势恢宏,相当气派,是一个庞大的建筑群,有 4 个天井,还有亭子、大朝门,坐北朝南。后被拆毁,村民为之惋惜。现还有部分条石留在原地,有一条石头垒砌的堡坎保存完好,还有两个石墩在刘兴华家后院,天井坝的排水系统还有部分存在,可见当年建筑工艺之精湛。刘兴华家收藏有刘鼎三先生老屋的一块古匾,木质坚硬,长 1.8 米、宽 0.87 米、厚 0.04 米,背面有 4 个栓子。居中从右至左阴刻"选拔"两个大字,右上角刻有"光绪丁酉科"五字,左下角刻有"刘鼎三立"四个字,其他字迹模糊不可辨。从古匾仅有内容判断,"选拔"二字应为刘鼎三先生书法真迹,意为

刘鼎三老屋石墩(龚志祥 摄)

庆祝自己光绪丁酉科选拔贡生成功,刻此匾以兹纪念。

说到古匾,五组李春相有一块家传的木匾,是李春相父亲李待可结婚时,李待可舅舅陈先生请夏亚平题写的匾额,匾长65厘米,宽33.5厘米,厚2.8厘米。右书"待可冠字",居中是"少乐",左下是"舅氏题"。古代男子二十岁而冠,并被赐字,可知李待可结婚时满20岁。夏亚平是本村乡绅刘鼎三的学生、国民政府乡代表。李春相父亲生于1921年,2008年去世,是村里长寿之人。

# 古墓葬

刘永海墓属于村里古墓中墓制较大的,位于刘家老屋旁的庙湾。刘永海生于清道光十九年(1839年),卒于清光绪二十九年(1903年)。刘永海墓,严格

刘永海墓碑(龚志祥 摄)

来说应该是一个墓葬群,现墓碑为刘家后人重立,墓园立有原墓碑的残碑一块,另有一块由刘永海之子刘鼎三立的石碑,由石匠欧阳隆润雕刻,刻法精湛,属于精品。墓园除了刘永海墓,还有其夫人李氏墓、重孙媳妇墓。墓葬群共三层台阶:一层为拜台,长10.2米,宽3.6米,共两步台阶通向二层;二层为刘母李老孺人之墓,墓碑高1.92米,宽0.95米,刘母李氏原葬于长梁陇里狮子包,原墓碑损坏,刘氏子孙1986年重立,2015年迁葬于此。从二层台阶两端,行七步石梯可达三层;三层拜台长10.5米,宽3.6米,三层为墓葬群,主墓为刘永海墓。刘氏子孙2012年重修拜立。墓志铭详细记载了刘氏先祖乾隆年间由湖北松滋刘家场陈阳桥迁居建始百股水黄岩口花栗包、然后到卸甲坝兴家立业的艰辛历程和业绩。

# 珍稀的古树

村里最有名的自然风景是那棵高大的古枫香树。因这棵古枫,这块地也被叫作枫香树,以古枫为中心的区域叫枫树园子。枫树胸围5.3米,高50米以上,树龄400年以上,是恩施州"古大稀植物",编号0014,也是湖北省二级保护古树,全省统一编号4228220076。树兜中空,冠幅约16米,树荫约200平方米。在村民心中古树多灵性,这棵古枫被视为神树,树干上的许多红布条为村民所系,村里做木材生意的、

古枫树(龚志祥 摄)

外出经商的均来敬树祈福，以鼓励自己努力向上。

# 村庄地名演义

关于村名卸甲坝由来，据李来轩先生介绍，传说刘备取西川时经过建始县域，在茅田乡时遇八阵图，几经努力冲出八阵图，经八卦梁子到罗转坝，大军又被人头岩峡谷阻挡，只好转到天生桥的马刨水，然后经小径峡进入马道子，到卸甲坝休整，人卸甲马卸鞍，养精蓄锐。八阵图、八卦梁子等地名隐含了诸葛孔明的军事智慧。罗转坝原名骡转坝，后演变为罗转坝，意思是刘备大军到此遇人头岩峡谷阻挡，骡马无法通过，只好掉转方向，另寻入川通道，大军到达天生桥，人困马乏，亟需水源解渴，战马在此用蹄刨出地下水源，故有马刨水的地名。

还有一种说法比较写实。该村一组有个地方叫马道子，有两层解释，一是跑马的道路，也就是驿道；二是马到此为止的意思，马到止，演变为马道子。这两层意思表面看互相矛盾，其实并不矛盾。可以理解为跑马的道路到了卸甲坝一组然后就终止了，或道路变狭小，人卸甲马卸鞍才能进入。一组地形确实如此，道路被两山夹峙，名为小径峡。当然也可以理解为文治武功的转换，从马道子进入该村，豁然开朗，一个大坝子，终于可以卸甲休养生息，由武而文，开始耕读生活。一个能卸甲而治的村落，不需武力强权维持，可见其人文之厚。从一组进入卸甲坝村，道路左侧的高山形似笔架，故名笔架山，笔架象征文明开化，但从地势较高的十三组观此山，犹如一朵莲花，莲花象征纯洁、高雅、清纯和美丽。笔架和莲花二者有相通之处，在表达上，可二者合一。笔架山也像一位从天生桥集镇方向走来的将军，在一组就下马卸甲，从此马放南山，耕读传家，故此地名卸甲坝。

除了卸甲坝，还有榨茨河的由来也很有意义。榨茨河的奇石闻名建始县，其花纹鬼斧神工，是大自然的造化。村里人都说榨茨河水质好，养育的女孩漂亮、男孩帅气，都聪明儒雅。整个武陵山区，叫柘茨的地名不少，而叫榨茨的地名

笔架山远眺（龚志祥 摄）

唯建始县独有。榨茨河流经双河口、榨茨和卸甲坝三村，历史上曾有榨茨乡存在。建始县政协文史委毛昌恒先生认为，榨茨地名很有可能是"柘刺"变音而来。柘，音 zhè，而榨，音 zhà，由于柘字是生僻字，不易辨认，加之本地方言口音影响，"柘刺"就被读成了"榨茨"。笔者实地查看榨茨河两岸，这里多生长柘木，过去曾有较大的柘木存在，现多为灌木丛。柘木树干、枝丫长有刺，这些荆棘通常长 5～35 毫米，锋利扎手。柘木为落叶灌木或小乔木，最高能达到八米以上，树皮灰褐色，有长刺，叶子卵形，头状花序，果实球形。叶子可以喂蚕，根皮可入药。因其生长速度极其缓慢，柘木成材后都极其珍贵，有"帝王树"的美称。柘木还是古代的一种高档染料的原料，用柘木染出来的黄袍色彩亮眼，几十年不褪色，还带有阵阵清香，可以用来染龙袍。古书上说的"身穿柘黄袍"，指的就是皇上的龙袍，因此，柘木又被称为"帝皇树"。柘木纹理清晰，颜色金黄，主要用来做摆件、手串。柘木越老越珍贵，上了年份的柘木其木心会变成黄色，木香味浓，能防虫，闻着让人心静。

卸甲坝村自然风光独特，与人文交织。七组鸡爪岩外形酷似鸡爪。石峰小学后山约 2 千米的地方有一大型石柱，此山因这块大石被叫作大岩山，当地人称石柱岩，又因独立成峰，也叫石峰，小学命名与此有关。五组六组交界之地的跳岩瀑布颇为壮观，有三叠。二组有个神仙洞，与庙湾互相守望。

## 古道与庙宇

建始县的古道主要有巴东、巫山、宜昌和恩施几个方向。卸甲坝村的古道主要与通往巫山的古盐道相连接。清道光版《建始县志》、同治版《建始县志》对盐道均有简略记载，"前明规制简略，仅有上坝、莱头二铺，其余概未设立"。盐道的发展历史难以从史料上查证。村里年长者回忆，盐道大致走向为大岩岭—羊子垭—鹿鸣塘—马刨水—天生桥—茅田—八大梁子和东龙河—三里乡严家垭—石垭子—花坪—景阳双土地—官店—常德。

村庄内古道已不存在，被现代交通替代，但年长村民还记得村里的石板路，大致顺榨茨河畔而行，经官渡河可通巫山。古道上的古木桥位于五组，毁于 1978 年的洪灾。后在原址建成公路桥，公路桥含引桥长约 50 米，桥面距离水面约 6 米。逆河而上，离古桥遗址约 200 米的垭口曾有座神农庙，庙宇规模较大，有四合院天井，经过庙前古道，从古道 6 步台阶可到庙前石阶。20 世纪 50 年代部分庙宇被毁，整个庙宇彻底毁于 20 世纪 80 年代。村民说庙中有一个精美的檀香炉，后失踪。庙内土墙上有彩色绘画，内容多为劝农耕织和佛教方面的内容，也有太公钓鱼等传统文化故事。庙门面西，象征通往极乐净土。因有神农庙，庙址所在的那段河流被人们称为庙垭河，山被称为庙山。村民说这里的地形像白蛇吐剑，河流弯曲处为乌龟地，象征长寿。神农庙建于何时已不可考，年长的村民也只知道很古老，具体年代说不清楚。此庙曾在村庄具有神圣地位，是稳定和巩固农业的精神高地，与后起的私塾、学堂、学校共同构成村庄的人文景观。

除了五组的神农庙，二组有个地方叫庙湾。村民讲述，在刘鼎三先生老屋东南方向小山上曾建有庙宇。庙被毁，无法知道修筑此庙的具体目的。根据庙址所在的位置判断，也许与水有关，与神农庙互相守望，榨茨河流经此庙所在的山下谷地后就流向天生桥集镇方向。

肖家坪（界石岭、大岩岭）在卸甲坝村的正北不远处，是建始县驿道的关键节点，清时曾是县丞机构所在地，此地曾有清乾隆五年（1740年）立的界碑，上有碑文记载有关信息。县丞机构存在116年，清乾隆五年（1740年）至清咸丰六年（1856年），共历十九任县丞。界石岭设立有关税机构、商铺和客栈，官方收缴盐税、商人交易、旅客吃饭，均需分割银子，银匠这个行业在此兴起，因此署衙前面的平坝叫银匠坪。清朝曾在天生桥设立塘汛，即蒲塘溪塘，塘兵3名，以传递军情信息和维持地方秩序，保驿道平安。卸甲坝东北方向的百股水曾设立有驿站，方便过往客商。界石岭、蒲塘溪塘、百股水驿站呈半环状围绕卸甲坝村，对卸甲坝村传统文化的形成起着十分重要的作用。

银匠坪遗址（郎正邦 摄）

## 村庄人物传奇

村庄靠近盐道，与外界物资和信息交流频繁。村庄历史靠口耳相传，久远的故事多已失传，淡出记忆，只有一些近百年以来的村庄历史和人物的记载。

村庄靠近古代交通要道，其人物姓氏多与驿道关联。村民以移民为主，更古老的姓氏和人口信息淹没在历史中，暂无文献可考。村中人口较多的李姓自述清时从湖南衡阳迁入，而刘姓祖墓墓碑记载其先祖自清乾隆年间由湖北松滋刘家场陈阳桥迁居建始县，几经迁徙到了卸甲坝村。

卸甲坝村人多长寿。目前有一位百岁老人，名叫刘诗均，也是村里的传统艺人和知名篾匠，善编织日常生活器具，且工艺精湛。老人生于1912年6月11日，现住该村四组。百岁老人生活习惯无特别之处，既抽土烟也抽香烟，喜吃肥肉，一日三餐随大流，没有特别要求。作息时间比较规律，夏天五六点起床，冬天八九点起床，不喜欢面食。冬天睡得晚，起得也晚。年轻时喜喝本地酿造的玉米酒、高粱酒，现在改喝啤酒。虽然年逾百岁，但视力、听力均好，牙齿仅部分脱落。据他60多岁的女儿介绍，老人早年住海拔1200米左右的鹿鸣村二岩山，后她接父亲下山，与自己一家共同生活至今。刘诗均老人78岁以前坚持下田劳动，78岁以后不再做重体力活，但仍然坚持干些种菜拔草等轻体力活，虽然现在不再下地劳动，但闲不住，在家编织篾器打发时间。

长寿村名不虚传，村里80岁以上老人较多，身体硬朗，生活多能自理。村庄有一唐姓人家，家中五兄弟，都已年届80岁以上，最年长的年逾90岁。唐传海，生于1933年，家住卸甲坝村二组，在八个兄弟姐妹中排行第六，他先后担任过第二生产队队长和大队长。唐家兄弟姐妹均出生在重庆市巫山县笃坪乡云雾山村。大哥唐传金，在20世纪50年代末去世。二哥唐传进，刚成年就因病去世。姐姐唐传英，在笃坪乡安家，后70多岁时病逝。三哥唐传香，年逾90岁，除了听力有点不好外，其他方面都比较好，还能帮家里做点小事。四哥唐传满，年届90岁，2020年8月因脑梗去世。六弟唐传浩，年近90岁，身体状况尚好，现在还能种地。七弟唐传松，年近90岁，身体尚好。唐氏几兄弟出生的地方，生存环境恶劣，不仅山高坡陡，还严重缺水。20世纪30年代末，正是战乱时期，他们全家一路逃荒，来到卸甲坝，勤劳本分的唐传海兄弟几个给人当放牛娃。新中国成立后，一家人分得了土地，终于有了一口饭吃。唐氏兄弟善于动脑筋、求上进。唐传香学得了一手木工手艺,成了当地有名的"掌墨师"(建房子时的总设计师和建房时施工技术负责人),其家具加工手艺更是精湛,人们习惯叫他"唐师傅"。年纪最小的唐传松,生在旧社会、长在新中国,有机会上学,考上建始师范,最终走上教书育人的道路,从教40年,桃李满天下。村子经济困难时期,年轻的唐传海主动挑起生产队长这一重任,带领社员为改变面貌而努力,后来担任了大队长。唐传满的经历也如唐传海一样,带领群众改变家乡面貌,奋斗不止。实行家庭联产承包责任制后,以唐传海为代表的唐家兄弟,通过不断努力,真正过上了好日子。家家住上了楼房,户户添了轿车,就连年近90岁的唐传海,也驾着自己的电动车,到处兜风。

卸甲坝村传统技艺受现代生活冲击,几近失传,但传统音乐、民俗项目还部分存在。刘美全是村里有名的蓑衣匠,现年70多岁,主要从事棕类制品加工,蓑衣只是棕类制品的一种,但人们习惯这样称呼此类匠人。村里比较著名的木匠都已去世,无传人。石匠多已离世,老石匠李待树、高启厚、刘昌宣都已去世,健在的程宏柱也已60多岁,后继乏人。瓦匠这个行业在村里还有不少艺人,准确地说是泥水匠,与建筑装饰行业息息相关,适应了现代生活的转型。民俗方面,村里过去流行丧鼓,会的人较多,以唱为主,内容多是劝善劝孝,丧事新办后,现已失传。祖先崇拜在村里尚存,村民多在春节、清明节祭祀祖先,缅怀先祖功业。传统音乐有丝弦锣鼓,村委会组建了乐队,村长李春相是丝弦锣鼓艺人,担任乐队指挥。

卸甲坝传统文化根深叶茂,耕读文化代代传承。村庄在近百年涌现出以刘鼎三为杰出代表的人才群体,严格说来是以刘氏家族为主体的人才群体。《建始县志》(1994年版)记载了刘鼎三和刘希无父子,摘录如下。

刘鼎三(1860—1933年),又名刘德新,字宇澄,世居茅田区天生乡大茨河,祖辈以务农为主。刘自幼刻苦攻读,学业日进,一路由秀才、廪生、拔贡到京参加朝考合格,被分配陕西任后补知县、陕西吴堡县知县,为政清廉,深受民众爱戴。后被擢升为汉中知府,鉴于清廷腐败,他拒不赴任,弃官回鄂,拥护民主革命,任建始县地方自治局咨议长,并从事地方教育,造福桑梓。20世纪初期，刘在家乡大茨河创办私立石峰小学，每年学生为200人至300人。刘自任校长兼教师，另聘两湖师范毕业的张礼堂、刘葆初和富有教学经验的马学海、刘鸿勋等人任教。办学经费一是本人捐资，二是发起资助，同时利用原有的古寺庙土地收入作为补充，这些收入作为支付校舍建筑、校具设备、购置教材、教师工资的费用，并免收学生的学杂费。学校开办后，除因川匪捣乱而短暂停课外，一直持续到天生乡设立公办学校为止，为当地教育、培养人才不遗余力，获得乡人称赞。民国十九年（1930年），建始灾情严重，出现大量饥民。刘鼎三不顾年事已高，毅然挺身而出，为民请命，专程赴汉，向其好友、原任湖北省政务委员兼民政厅长、时任武汉市长刘文岛面陈灾情，呼吁及时赈灾救济，获省府下拨赈款4000银圆，以济灾民。刘鼎三对中医学亦颇有研究，常为家乡民众义务治病，对远道来家求医者还无偿提供食宿。刘鼎三一生治学严谨，勤奋不倦，晚年著有《周易注释》一书，因交通不便未能付印。刘鼎三于民国二十二年（1933年）12月病逝，享年73岁。刘鼎三离世后，葬于石峰小学的后山上，与其妻张氏合葬。刘氏后人于1986年12月重修墓门，立碑纪念。

刘希无（1885—1942年），刘鼎三长子，原名汝璘，字隽屋，笔名大岩山人，茅田区天生乡人。清末毕业于两湖总师范学堂，在校期间参加同盟会，后参加辛亥革命，负责撰写革命宣传文稿工作。他曾任鄂军都督府内务部监印官。民国六年（1917年），应孙中山密召赴广州，任大元帅府秘书，后任广东碣石海关监督。民国二十年（1931年）春，他写信给蒋介石，揭露其危害中国人民的21条罪行，蒋恨之入骨。民国二十二年（1933年），湖北省主席何成浚贪污腐化，刘希无在报端揭露其罪行，遭特务逮捕，入南京军统监狱。历时3月，始准获释。民国二十七年（1938年）5月，军统特务将刘希无逮捕押到重庆，后转贵州息烽监狱。民国三十一年（1942年），刘希无在狱中被折磨致死。

刘希无精于书法和篆刻。刘鼎三父子的书法艺术精湛，有作品传世，墨宝珍稀，一字难求。在该村只保存了两处刘鼎三的书法作品，一是其父刘永海墓前的一块残碑，二是刘兴华家收藏的刘鼎三老屋的一块古匾，留有真迹。李春相家收藏的一块古匾，上有刘鼎三的学生夏亚平的墨宝，可以看出其传承脉络。

刘鼎三墓碑（龚志祥 摄）

村里习惯称刘鼎三为刘大老爷，其四弟为刘四老爷。刘四老爷之孙叫刘贵访，1928年1月生，1954年毕业于武汉大学，曾为广西社会科学研究院经济所研究员，主要从事生产力经济学研究，出版个人专著3部，合著5部，发表学术论文、研究报告100多篇。广西社科院组织出版过《广西社会科学专家文集·刘贵访集》。

改革开放以来，村里走出一大批人才，刘进博士是代表之一。刘进，生于

1956年8月。据村中年长者介绍，刘进自幼聪慧好学，恩施医学专科学校（现湖北民族大学医学院）毕业，1988年在中国协和医科大学获医学博士学位，1989年至1993年在美国做博士后研究，并任访问助理教授，1994年晋升为主任医师并任中国医学科学院阜外医院麻醉科主任，2000年调往四川大学华西医院，任麻醉学教授、博士生导师、四川大学华西医院麻醉转化医学国家地方联合工程研究中心主任、四川大学麻醉学研究所所长以及华西医院麻醉手术中心主任、麻醉与危重症医学教研室主任。刘进曾获求是杰出青年学者奖，享受国务院政府特殊津贴，是卫生部有突出贡献中青年专家、国家杰出青年科学基金获得者、中国医师协会麻醉学医师分会首任会长、中华医学会麻醉学分会十一届主任委员。其吸入麻醉的研究获国家科学技术进步奖二等奖，围手术期血液保护的研究获四川省科技进步奖一等奖。

卸甲坝村人才辈出，历经百年沧桑而不衰。村委会与村民们都十分珍惜这份荣耀，决心发扬光大，以激励后辈更加勤奋努力。村里计划把石峰小学保留原貌，按照修旧如旧进行修缮，征集村里文物，建成村史馆，并以古枫香树为中心，建立村文化公园，传承村庄的传统，激励人们向上，实现乡村振兴。

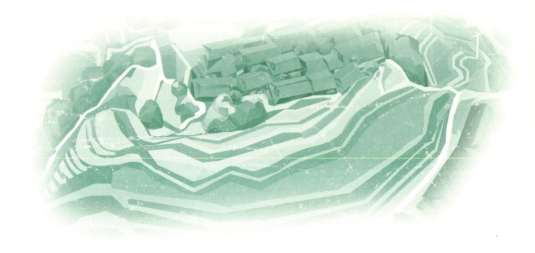

# 花果之乡

## ——花果坪社区

## 社区概况

花果坪社区位于花坪镇中部,距镇人民政府约1千米,东至田家坪村,南至小西湖村,西与火田槽村毗邻,北与田家坪村相连。社区内最高点癞子山,海拔约1482米;最低点乌龟包林丰路口,海拔约1243.5米。年平均气温12℃,

年平均降雨量1400毫米,无霜期200天。截至2019年末有居民1144户、2290人,有吴、田、肖等姓氏,多为汉族、土家族。

老街位于社区西北部,是社区居民委员会驻地,为花果坪社区最早的市肆,故称为老街。大街口位于社区东部,因此地位于花果坪社区老街、新街、乌龟包等多条街道的交会处,且街口宽阔,故名。乌龟包位于社区东部,因此地有一小山包形似乌龟,故名。乌龟包有1棵由建始县人民政府立牌保护的古树水杉,树龄100年,高12米,胸围1.57米,保护等级为三级。和中街位于社区东南部,明末清初,田、吴两姓人先后来到花果坪,田姓先祖在西北方向先建起了集市(老街),后吴姓先祖在东南方向新建市场,故名新街。新街因有辛亥革命元老、前国民党立法委员朱和中故居,为纪念朱和中,20世纪90年代,新街更名为和中街。萧家塝位于社区南部,此地地形为山间塝地,清嘉庆年间,萧姓先祖由荆州府江陵县迁徙至此地,择地建房定居,为该地最早居民,萧家塝故得名。

俯瞰花果坪社区新街(郎正邦 摄)

相传，明朝末年，该地还是一片茂密的林地，田、吴两姓人家到此结草为界、圈地安家。经过数年开垦，在碑坡、癞子山之间开辟出大块平田。据传，坪中原有一株桦果树，故名桦果坪。后来，这里逐步形成集市，商贸业日趋发达，而坪中及四周山坡盛产丹皮、芍药、玫瑰等中草药，每到春天百花齐放、五彩

花果坪集镇老街局部（郎正邦 摄）

新街（郎正邦 摄）

缤纷；加之又地处水果之乡景阳和红岩、高坪之间，是周边各种水果的交易场所，故清初易名为花果坪，沿用至今。2006年，更名为花果坪社区。2011年调整建制，属花坪镇辖。

## 因商而兴的过往

花坪镇距今已有300多年的历史，工商贸易繁荣，有"小汉口"美称。约在清康熙年间，田、邓二姓在此开垦，繁衍后代，以后江、浙、汉（汉口、汉川）、宜（宜昌）等地商贾陆续西来，逐渐形成集市。东经巴东清太坪、榔坪至宜昌、武汉，输入百杂日用品，同时输出山货土产；南经官店口去湖南桑植、常德等地运回土布杂货，同时输出糕点、食盐；北往四川夔府、云阳一带运回食盐、川糖等消费品，市场幅射面不断扩大。加之来自镇周围的四季鲜果沿街摆卖，使它成为建始五大古老集市之冠。花果坪镇新、老二街南北仅距一华里，行业却不少。民国时期这里的工商户就有200多家，从事布匹、百货、旅栈、小食、理发、消费合作社、药铺、染坊等各工商业。

花果坪集镇既是建始县南部重要的政治中心，又是建始县南部重要的商贸中心。清道光版《施南府志》载，花果坪是建始南乡七大重要集场之一。清同治版《建始县志》载，花果坪是建始南乡十大场市之一。每逢农历双日为集贸场期，恩施红土、崔家坝，建始景阳、凤凰、石马、唐坪的乡民以及南来北往的商贾云集于此，热闹非凡，一片繁荣。集市交易品种有烟、茶、竹木器、药材、葵花、干鲜果、粮食、薪炭、熟食品和牲畜，尤以桃片糕和陶器颇负盛名。民国二十七年（1938年），武汉沦陷，省府西迁恩施，部分学校、机关、商铺、军警随省府西迁至建始县，省立三小、省立四师先后西迁花果坪。一时间，建始人口猛增，不得不同时增设相应的服务设施，逐渐形成以花果坪为中心，连接唐坪、罗三湾、田家坝、石马坝、关口、麦子包的集镇网络。这一时期，花果坪集镇的繁荣达到巅峰，被省立四师的学生赞为"小汉口"。

花果坪集镇双日逢集，不仅附近农民纷纷入市，邻县恩施的红土、麦子埫、崔家坝，巴东清太坪的农民也常来此出售生漆、桐等土特产品，同时从镇上购回粮食。本县水稻产区河水坪、景阳河和恩施的红土、金龙坝一带的农民经常运来大米，交换玉米、土豆种。路上挑篓背袋的，骡驮马运的，络绎不绝。逢集粮行成交量少则万斤，多则数万斤。由于集镇周围数十里无其他大集镇，一般都来花果坪集镇搞集市贸易，因此称为"饿马奔槽"。每逢"饿马奔槽"的赶场期，镇上人流如潮、百货纷陈，热闹景象不亚于江汉闹市，"小汉口"的美誉也源于此。

花果坪集镇的兴盛繁荣，除了地利条件和本地人如田明先、田明卓等商户崛起以外，外地商人纷纷来此定居经营，也是一个极为重要的因素。清末有宜昌人叶太华来此开布店，辛亥年（1911年），有汉川人王福记、王寿记、刘培顺等来此开设布店、杂货店。他们从汉宜一带运来当时很时髦的所谓洋布、洋油、洋火、洋糖等日用品，同时收购生漆、皮毛等土特产，生意兴隆一时，起到了沟通城乡贸易渠道，促进物资交流的重要作用。1933年江西人谌裕丰、刘宝裕等来此开设布店，并开设了漆庄，收购生漆，运汉口交谌裕太漆号外销。由于外商云集，市场不断繁荣。

抗日战争时期，省府西迁恩施，省立各级学校也西迁恩施各地。1939年，湖北省立三小迁来花坪镇，仅教职员工家属即近百人，陆续招生12个班，达600余人。1943年湖北省立四师又从松滋迁来，师生员工家属共200多人。随之，为四师等学校服务的如邮电支局等单位也建立起来。此外还有来自宜昌等地的难民100余人。因此，花坪镇人口大增，消费量骤然上升。加上川盐运销湖南，而花果坪村又是必经之路。每天数百人南来北往，食宿镇上，市场更加兴旺，花果坪村因此一度高度繁荣。

抗战胜利后，省立四师及为之服务的机关单位，相继迁走，川湘来往商旅也先后停止。花果坪村人口骤减，消费量下降，市场情况也随之发生变化。尤其在三年解放战争时期，国民党政府加重了苛捐杂税，物价飞涨，货币贬值，许多小本经营者无力竞争，市场更加萧条。

建始解放后，县人民政府即着力开发花坪。花坪镇上开设了山货贸易行栈，大量收购土特产品，运交县贸易公司经营外销。后又成立花坪区供销合作社、花坪粮店，还设有花坪工商业小组管理市场，加之社会民主改革逐步深入，人民生活日益改善，商品需求量不断上升，花坪市场很快有了起色。

花果坪集镇一角（傅一中提供）

1978年以后，花坪镇工商业迅猛发展，行业从业人员逐年增多，引人注目，"小汉口"的誉称变得更加名副其实。

花坪镇繁荣的工商业，离不开交通的支持。晚清至民国时期，建始县8条大道，其中途经花坪镇的有3条，使花果坪村的地位显得十分重要。一条是建始至鹤峰道。沿建巴驿道至河水坪分路，经红岩寺、花果坪、景阳关、清江中渡口、战场坝、官店口、大庄进入鹤峰境，县内里程245千米（490华里）。这条大道古为"川盐入湘"的重要通道。二是建始至长阳道。沿建鹤道至花果坪村分路，经黄木垭、桃符口进入长阳县境，县内里程75千米（150华里）。三是花果坪村至巫山道。经鹞鹰坡、黄口坝、十字路、望坪、天生桥、铜鼓包进入巫山境，县内里程184千米（368华里）。

中华人民共和国成立后，1958年开始修建建（始）官（店）公路，途经花果坪村，1959年建成通车，结束了花坪镇无公路的历史。1975年撤区并社后，同时修建花唐（花坪至唐坪）、花石（花坪至石马）公路。2002年，天二公路建成通车，该路经过花坪镇。2003年花坪乡启动通村油路工程，街道路面4千米全部硬化。到2003年，除天二公路穿集镇而过外，以花果坪集镇为中心向四周辐射形成了公路网络，其中有花唐（花坪至唐坪）公路、花石（花坪至石马）公路、花李（花坪至李家坪）公路、花黄（花坪至黄鹤）公路、花火（花坪至火田槽）公路等，花坪集镇成为全镇交通枢纽的中心。

## 细说街市

穿过垭围坪，从邓家湾往南，沿着盘曲的林间山路（曾经的盐大路），逶迤前行半里处，便到达地势较高的山垭口，此即曾经的花坪老街头。垭口往南走一段下坡便进入街道。街道左边有一条羊肠小道通往笔架山（后叫"癞子山"）。

走近老街口，迎面是一堵高大的山墙。从这堵墙往南，有五堵款式规模一样的封火墙，墙头垒角翘首，傲指云天。山墙上的花鸟画栩栩如生、异彩纷呈。每两墙中间是堂屋，两边各立曲尺柜台。屋檐下的燕子楼，当面用"S"形木棍布列，内衬薄材，精致豪华，气派典雅。此为田氏五弟兄合建于20世纪30年代末，是花坪集镇最典型的徽派建筑标志。其对面一顺溜十来家也是纯木质结构的楼房，同样高大宽敞，有的还内设天井。街心宽丈余，青石板铺地。每户门前都有一米多宽的街沿走道，可供乡下人摆摊。

老街中段往下，又有一栋徽派建筑。房中有一方很大的天井，天井上方二楼的走廊栏杆十分精美。房子后面在密集的粗壮楼斗上铺着十多厘米厚的石板，构成晒台，晒台上建有一巨大亭楼（至今尚存），成为老街的一大景观。

老街中段南下近200米处是老街的商埠要地——谷行。这里伫立着一栋高大的亭式建筑，处于正街南端的三岔路口。四根巨大的木柱支撑着几丈高的飞檐翘角。方圆几十里的粮食都在这里交易。景阳河的糯米、大里的"三颗寸"贡米都是这里的抢手货。谷行内有风车、升、斗等器具，每到逢集日，这里便人声鼎沸，糠粞飞扬，一派火热景象。

谷行右边往南，曾是茶叶、药铺一条街。花坪产茶不多，但花坪集镇却是历史上有名的茶叶交易市场，茶叶大多来自官店白沙、三里马坡、高坪的土岭和八角等地，花坪的茶叶交易市场成就了花坪独特的茶道——罐罐茶。

花果坪朱和中故居（郎正邦 摄）

由原来的"桦果（树）坪"到花果坪的变迁，缘自老街水果市场的逐步形成。有了方圆百里的集贸场所，周围的果农、果商便接踵而至。街附近乡下盛产樱桃、鲜桃、李子、杏子、枇杷、葡萄、枣子、野生毛桃、姜拐子（又名拐枣）、柿子等，干果有核桃、板栗、锥栗子等。这些果品，应季上市，没有形成规模，保供期不长。而让花果坪名副其实则是借助景阳河的果品充当主角。景阳关口坎下，大树垭的核桃，麻湾的柿子，清江河两岸的梨子、柑橘、柚子、花生等，占据了花果坪集镇的半壁江山。每到年关，景阳河的果农前呼后拥背着成批的干鲜果,云集到老街谷行周围摆摊推销。放眼一望,红闪闪、金灿灿,把谷行装点得生机盎然。到下午,街上的有钱人家把果农没卖完的果品贱价买下,再加上自制的盐炒葵花籽,便又成了为数不多的青果摊点,坐实了花果坪的美名。

谷行的左边往前走便是大街口。经过一段窄巷走出大街口,右边一道石阶梯直通坡底的庄稼地,穿过庄稼地便到达乌龟包小街。花果坪集镇的老街到这里基本结束。

清末至民国时期,老街是花坪的集贸中心,川盐入湘古道穿过老街的街心而过,粮食油盐、布匹百货、山货特产都在这里交易,与之相伴的餐饮客栈也生意兴隆。江浙川湘的生意人常在这里出现,马帮的铃铛声不绝于耳。新中国成立后,1954年实行公私合营,在新街成立供销社,于是,花坪的商业转移到新街,老街从此日渐萧条,成为典型的农业街。

花果坪社区老街、新街、乌龟包等街道交会处,以前称为"大街口",原是吴氏家族房屋以及房屋前的大坝子。新中国成立后,吴氏房屋连同房屋前的坝子作了区政府(后来叫区公所)。

由大街口下到新街,要经过一个像卡子一样的窄道,仅一米多宽。过了这道卡子,立即给人一种别有洞天的感觉,如果逢集,满街是熙熙攘攘赶集的人群,甚是热闹。

新街是花坪镇解放后的商贸重地,两边商铺林立。新中国成立后的工商业社会主义改造后,东边一侧绝大多数是国有商店,而西边一侧的麻石台阶上,则是一个挨一个的个体小商贩,售卖窑货、茶叶、木器、绳索、篾器、针头线脑、叶子烟、火纸、小五金,等等,琳琅满目。凡百姓日常生活用品,基本一应俱全。就是这条总共不足300米长的新街,几乎汇集了当时花坪镇所有的商品种类。另外,平时还有沿街摆卖米粑粑的,5分钱一个。还有用茶杯卖炒葵花籽的,5分钱一杯。在水果上市季节,满街的桃子、李子、苹果、葡萄、柿子、板栗、核桃、梨、柑橘、柚子等各色水果让人目不暇接,很多水果还是从清江岸边的景阳河背上来的,把花坪镇打扮得极具山镇特色。

花坪乌龟包老街街巷（郎正邦 摄）

  新街西侧不远处的沿街麻石台阶上，是一个常年卖窑货的私人摊点，出售一些山民生活须臾不可或缺的茶罐、汤罐、瓦钵、沙吊子、土碗，等等。另外，也还卖一些棕绳、小五金之类的东西。

  旅社对面坡上是设在一棵大核桃树下的猪行。猪行就是牲猪交易市场，是山区小镇一大特色。除了买卖生猪，其他牲畜也在这里交易。逢集之日，这里也很热闹，不仅人声鼎沸，更夹杂有猪哼、牛哞、鸡叫、鸭嘎等声音。

  花坪供销社土产部在这一段街道两边，地名叫杉湾。很久以前，这里都是长着茂密的杉树。虽然这个地方叫杉湾，但后来连半根杉树也未曾见过，满眼是一栋紧挨着一栋的木板房，连接在一起形成一条山镇街道。新中国成立前，花坪镇主要集市贸易大部分集中在老街上，新街整体上不如老街热闹，但在杉湾这一段，却比较热闹繁华，街上店铺主要摆卖布匹（家织土布）、绳索以及日用小商品。民国十七年（1928年），团防火并，景阳团防烧了杉湾之后，虽然在废墟上重建了房屋,但昔日繁华已经不再。杉湾连同上面的新街,都比老街清冷了许多,直到解放后,新街才繁华起来。但杉湾仍显冷清,除偶有几家小店外,大部分为街道居民的生活区。

# 桃片糕的传奇

花坪桃片糕为恩施州八大特产之一,是花坪名片,也是建始名片。清嘉庆年间,浙江商人吴秉衡携带家眷到建始县花果坪落户,并带来祖传浙江小吃云片糕制作工艺,开始在花果坪生产、销售云片糕。吴氏第五代传人吴东周、第六代传人吴学曾不断探索,在浙江小吃米糕的制作基础上加以改进,以本地优质糯米、景阳纸核桃、猪油等食材为原料,利用花坪昼夜温差大的特殊气候,将糯米粉日晒夜露,生产销售云片糕,产品色若霜、软如棉、柔似柳,馨香甜蜜,尤其是俗称"斤糕"的一斤装桃片糕,更是以独特的品质风味享誉县内外,后改名为"花坪桃片糕",并成立"吴永昌庆记"商号进行销售。民国时期,花坪桃片糕就已推向全国不少地方,产品供不应求。

1956年,国家实行资本主义工商业的社会主义改造,吴学曾携技术和作坊加入"公私合营"潮流,花坪桃片糕由吴氏的糕点加工作坊变为供销社的集体食品加工企业。20世纪80年代初,吴氏第七代传人吴际立恢复传统商号"吴永昌庆记桃片糕厂"。1987年,花坪供销社注册"云心"商标。2000年,花坪供销社改制,吴际安收购供销社食品厂后更名为建始县永兴食品厂,以生产"云心"牌桃片糕为主。吴氏兄弟将原手工式生产改为机械化生产,将传统的单一包装改为真空、不同规格的包装。企业年产值100万元

花坪桃片糕(傅一中 摄)

以上。

40多年来，吴氏兄弟通过研究探索，不断改进和发展传统技艺，生产规模逐渐扩大，并分别申请注册了"永昌""云心"两个商标。1990年，"云心"牌桃片糕被评为"湖北省优质产品"，1992年被湖北省旅游局（现湖北省文化和旅游厅）评定为第一批湖北省旅游标志产品；1996年获武汉国际食品博览会金奖；2005年，被认定为恩施州知名商标；2011年，被湖北省人民政府列入第三批省级非物质文化遗产名录；2017年7月，被湖北省商务厅命名为"百年老字号"。

# 风雨小西湖

自花果坪集镇新街口沿天二公路东南行一里许，即到小西湖。小西湖原名郭家水。清代，花坪贡生许炳臣，常游于此，见层峦耸翠，碧波荡漾，山峦倒影，映入水中，如巨龙横卧湖中，便更名曰"过江龙"。因原名叫郭家水，也有人叫它过江水。

小西湖（傅一中 摄）

1918年，易继春率靖国军进驻花坪时，章太炎先生以护法大元帅府秘书长的身份赴鄂西，随军来建始花坪。公务之余，信步游于过江水，见湖水如镜，湖边翠柳碧蒲，湖光水色，交相掩映，章太炎先生喜而易其名曰"小西湖"，并即景赋律诗四首。抗日战争时期，湖北省立第四师范学校迁到花坪，校长陈敬业以小西湖为题材，曾作《花坪好》一文，并把章太炎先生的诗一并全文抄录，发给学生和所有机关诵读。可惜由于年代久远，抄录文字未能保存下来，曾就读于四师的花坪镇老教师吴厚载，生前凭记忆回忆出其中两首传于世。

（一）

群山缭绕画廊开，荡漾波光浮草莱。
几树莺声翻柳浪，万峰峦翠郁龙堆。
新蒲掩映鸥波绿，舞絮飞扬蝶影回。
欲把西湖比西子，可能遥唤玉华来。

（二）

岳王旧墓忆徘徊，半壁河山亦可哀。
把酒笑评皇帝梦，挥戈誓诏吴王台。
气临云壑千层波，笔扫神州八斗才。
小立苍茫时寂寞，夕阳明来挂山岜。

小西湖，是名副其实的花坪镇的后花园或会客厅，是通往黄鹤桥风景区的入口。曾几何时，小西湖还只是一汪湖水、一片湿地。如今的小西湖，翠柳下垂，曲径通幽，亭台相望，群鸭戏水，阳光洒在湖面上，微波如颗颗璀璨明珠闪烁耀眼光芒。这里因建始旅游勃兴，成为国家4A级旅游景区野三峡景区的接待中心，一时声名鹊起。由于花坪镇亮出独具个性魅力的"风情小西湖，避暑新胜地"的名片，小西湖和"小汉口"以得天独厚的气候条件和山清水秀的自然景观，受到周边"火炉城市"的热捧，每到夏季来临，来自武汉、重庆、成都、宜昌等地的游客纷纷携老扶幼前来避暑。游人从小西湖一路前行，穿过富有民族特色的野三峡旅游风景区牌楼，走过小西湖文化广场，来到小西湖国际旅游度假中心。广场前有一座跨湖风雨桥，广场上停满自驾游车辆，旅游大巴不停地将转乘的游客送进黄鹤桥旅游风景区。入住农家乐的客人,或在农家小院品茶闲谈,或沿湖边公路漫步,或站在石桥上观景拍照。晚上,风雨桥灯光璀璨、美轮美奂。广场上,当地村民为远道而来的游客们表演《赶山号子》《黄四姐》等富有民族特色的歌舞,与客人们一道围着篝火,跳起摆手舞,小西湖的夜晚变成歌的海洋、舞的世界。这一切,印证了一百年前国学大师章太炎先生的诗句——欲把西湖比西子,可能遥唤玉华来。

## 花坪教育

民国二十四年(1935年)前,萧仲华创办了石滚坪公立学校。石滚坪公立小学历经萧仲华、田建权、田让权三位校长。同年,全县5所县立小学之一的县立第四小学在花果坪创办,田让权出任校长。到1937年,花坪小学已初具规模,学生在150人左右。

石滚坪小学院内(傅一中 摄)

民国二十八年（1939年）春，日军攻陷武汉，日军攻陷武汉后，省立三小迁往花果坪。部分教师和学生合并到石滚坪公立学校，有学生200多人。

校长罗明熙率领教师在花坪镇筹划开学。民国三十年（1941年），建始全县普遍建立起乡中心国民学校，是年秋，省立三小移交给花坪乡中心国民小学。民国二十九年（1940年），建始县开始实施"计划教育"，由乡长王恒甫兼任学校校长。同年9月，受省立三小西迁的影响，花果坪开明绅士萧哲夫、吴天昌、吴炳堂、吴章立、田明卓等发起建校倡议，区长孙树静也鼎力支持，他们召集花坪街上富商、绅士开筹建会，当场募捐，组织街镇大小商人以及附近富户自觉捐钱。区公所成立筹建委员会，由萧哲夫负责绘图，田明卓任监工员。1941年，孙树静区长辞职，顾盛卿任区长，亲选木工、石工，征调民夫，是年3月在新街背后癞子山下龚家包破土动工。1942年春，由于建设资金吃紧，花坪街乐善好施的大盐商田明先慷慨捐款，所捐金额占修建新校舍资金的百分之八十左右。是年秋，新校舍落成，定名为"建始县花果坪小学"。当时，花坪中心小学校舍四天井一亭子，建设规模居全县之冠。县长许莹涟视察该校时，为新校舍题写对联："为大厦以庇，完矣美矣；作新民之政，富之教之。"横批为"培元养政"。校舍外的操场上建有戏台。1943年3月初，湖北省立第四师范学校奉命由松滋县刘家场向鄂西迁徙，6月12日到达花果坪镇，经建始县县长高启圭挽留并得到省教育厅批准，四师便留在花果坪，借用新建成的花果坪小学校舍上课。1946年3月，省立四师迁回荆州江陵，更名为江陵师范学校。

1956年4月，建始二中进入筹

民国时期的花坪乡中心小学校政大厅的亭子（周光宪提供）

备阶段。9月1日租借民房开学,首届初一学生招收165人,其中女生11人,生源来自花坪、景阳、官店、三里。新生年龄最大的19岁(有的已婚),最小的12岁。12月1日,建始二中位于田家坪的第一栋木石结构教学楼落成。1962年秋,建始二中实现划片招生,招收花坪、景阳、官店、高坪部分学生。2013年,建始二中迁至业州镇,原二中校舍成为镇政府驻地。

曾作为省立四师校舍的花坪小学校舍(周光宪提供)

## 村庄传奇人物

花坪镇人才辈出,古有进士、举人,今有学者、博士。晚清以来,先后有欧洲同盟会创建者朱和中,一方名医吴炳堂、许恕三,开明士绅田明先,武汉重型机械厂高级工程师吴际康,教育工作者出身的恩施州副州长田寿延等。

**辛亥革命元老朱和中**(1880—1940年),字子英,派名朱大顺,1880年生于花坪镇张家槽村,后移居花坪镇。少时就读于五阳书院,十五岁府试夺魁,入湖北武备学堂深造。是时,清廷腐败,列强入侵,朱"忧社稷之将倾,立报国之宏愿",与吕大森、张荣楣等组建"乐群印刷社",印制《警世钟》《猛回头》

《黄帝魂》等书刊，宣传反清。同时与刘静庵、曹亚伯等秘密组织"日知会武汉分会"。朱和中的行为被督抚端方发觉，遂于光绪二十九年（1903年）仓促出走，远赴欧洲留学。朱先入德国陆军步兵学校，后转入柏林兵工大学。光绪三十年（1904年），孙中山由美去英，但资金紧缺，朱得知后，即筹集1200马克电汇接济。同年12月，孙中山去比利时首都，朱以留德学生代表身份赶到布鲁塞尔，与留比学生一道至码头迎接。朱提议组织"比京结盟"，并慨然宣誓，决心革命。朱回柏林后，联合同学宾步程、薛仙洲、刘家铨等二十多人筹组"柏林同盟"，函请孙中山赴德主持结盟仪式，并亲笔起草《欧洲同盟书》。其结盟誓词为："驱除鞑虏，恢复中华，创立民国，平均地权，矢信矢忠，有始有卒，如有渝此，任众处罚。"孙中山住在朱和中寓所12日，商讨革命方略。离别时，朱破指血书："矢信矢忠，矢始矢终，倘有食言，愿受九刀十八洞、九棍十八穿之刑也。"清宣统三年（1911年），武昌首义爆发，孙中山电令旅德同志设法阻清政府在德购军火。朱时在柏林兵工大学毕业，即向德国礼和、捷成两行交涉，将军火交由民军接收。临时政府成立后，朱任参谋总部第二局局长，后改任参谋总部高级参谋。临时政府北迁，朱和中任总统府高级顾问，与孙中山共谋国是。护法之役，朱去广东，任军政府秘书、厅长和机要秘书等职。曾于民国十年（1921年）11月15日向孙中山密陈12项建设意见。孙中山策划中德俄联盟，派朱赴德活动。民国十三年（1924年），朱和中任广东兵工厂厂长，推行孙中山"三大政策"，后随孙中山北上。

孙中山和留学比利时中国学生合影，后排左二朱和中（傅一中提供）

民国十四年（1925年），孙中山逝世，朱参与治丧活动，负责国外唁电翻译，并作挽联悼孙中山：

匹夫而跻帝王之尊，偏薄帝王而不为，倡平等，争自由，殚毕生精力，为国为民，直使尧禅舜让都成刍狗；

一身而系天下之望，竟弃天下而长逝，先觉亡，导师失，合举世群伦，如怨如慕，遂令欧风美雨尽化啼鹃。

孙中山辞世后，朱受到国民党当局排挤，民国十五至十七年（1926—1928年）间，两次被国民党中央派往欧洲及苏联考察。民国十七年（1928年）11月，任第一届立法院立法委员；民国十九年（1930年）12月，任第二届立法委员；民国二十二年（1933年）1月，任第三届立法委员；民国二十四年（1935年）2月，任第四届立法委员。民国二十六年（1937年）7月，抗战军兴；秋，回乡静居，长斋礼佛。时建始县长孙业震横征暴敛，草菅人命，朱接状后，将孙召至花坪，严厉训斥。民国二十九年（1940年）春，应国民政府电邀去重庆。及至3月，鄂西北战败之讯频传，又闻荆沙、宜昌相继失守，朱心急如焚，焦急中风，七昼夜茶水不沾，抢救无效，于6月23日病逝于重庆北碚，享年61岁。噩耗传出，中枢震悼，国民政府为其举行国葬。噩耗传至花坪，乡人无不痛惜，为其作挽联云："创建欧洲同盟，协助孙中山，功在民国；抨击鄂西弊政，痛斥孙业震，泽及桑梓。"12月24日，获国民政府明令褒扬。

孙中山写给朱和中的信（建始县档案馆藏）

朱和中故居在和中街正中，和中街72号、74号、76号、78号、80号的五间一层当街小木楼均属故居范围，小木楼屋后一堵厚且坚实的石垣挡住了去路，中间一欧式石门便是通向后院的过道，门楣上书有"创业维艰"的牌匾，石门两侧有石狮。整座木结构的故居由五进两井构成，呈"T"形布局，简约庄重、古朴大方。2006年建始县人民政府核定公布其为县级文物保护单位。

**一方名医吴炳堂**（1883—1956年）、吴厚明（1889—1949年），花果坪镇人。吴炳堂幼读私塾，其父吴德福开药铺，以行医为主业，常把看的病例和处方作教材，进行家传，使后裔吴炳堂、吴厚明继承医术，续兴药业，成为花坪一方名医。吴厚明，号文钦，吴炳堂弟。

吴炳堂在其父去世后，一度弃医经营斋货。但由于他精通脉理，诊断准确，登门求医者仍众，故又兼营新药铺，慷慨济世。新中国成立后，吴一直在花坪区卫生协会工作，颇得人们好评。1956年病故。

吴厚明清末入县城高等小学，毕业后随父学医，承父业，经营吴永昌药房，为花坪镇上5家中药店之冠，他潜心钻研，精通医理医术，且医德医风高尚。曾获民众赠送"医乃仁术"的贴金木刻匾额。吴带徒弟6人，既重医术，更重医德。

**骨外伤科名中医许恕三**（1898—1967年），别号许怀忠。建始县花坪石马乡人，建始县人民医院的著名中医骨外伤科医生，民国三年至十一年（1914—1922年）先后师从于三里坝外科医生姚承烈及内科医生徐永太学中医内外伤科，1928年开设许茂生药铺执业于花坪街。

许恕三1952年与朱泰新药号及曾同兴、茂胜、关永昌联合组成花坪区中西医联合诊所，兼任所长；1956年3月被吸收为建始县人民医院外伤科医生；1961年后在花坪区卫生院、石马乡联合诊所工作。1964年6月，许恕三被列为建始县名老中医抢救对象之一，1967年去世。

**田明先和他的先记田兴盛商号** 20世纪30年代初至20世纪40年代末，在建始县南乡一带，"先记田兴盛商号"曾红极一时。方圆百里的食盐、布匹生意，几乎被其垄断。这家商号从无到有，从小到大，靠一套特有的生意经，留下了颇具传奇色彩的故事。

先记田兴盛商号老板田明先，1887年农历腊月十四日出生于花坪，由于家境寒微，未进过学堂。为生计所迫，13岁起就随大人们跋涉千里，给人下力背盐。由于他为人笃实，渐受东家器重，开始担当起"带捎"的差事，自此他便节衣缩食，一分一厘地积攒，待凑集了一小笔本钱，便开始独立经营卖篓筐盐的小本生意。他以爽朗、守信风格取得了夔府、资丘等地的夔江、李连宝等大盐商的信任。这些商号大胆地让他赊购大批食盐，给了他很多经营方便，于是他的生意越来越火，其经营品种随着行情变化而酌增酌减。他不仅经营食盐，还转手贩卖来自江浙和沙宜一带的土布、丝织品以及桐、茶、漆、倍、猪鬃等土产。由于经营渠道的拓宽，先记田兴盛商号的牌子一时间闻名遐迩。每天为他的商号运输食盐和土布的脚夫进进出出不下百人。他的货物库存量很大，号称"万斤盐""万匹布"。随着商号的扩大，"先记"的盐生意做到本县的官店，鹤峰的走马，巴东的金果坪，恩施的红土、沙地、麦子塘等地，并在景阳等处办有分销店。他在商运亨通、家境日趋富有的有利条件下，又办起了私人小钱庄。"田兴盛商号"发行的花票，可以兑换货币，十分守信，因而资金储量达百万元之多。

高营利、低消费、慷慨解囊、乐善好施，是"先记"商号的特色。田明先生活俭朴，但他积极捐赠，兴办公益慈善事业，却是有口皆碑。1941年，花坪小学破土动工，他捐献数千元；1943年，建始初中建校，他慷慨解囊数千元。省四师迁到花坪时，他立即买了黑板送去。花坪东到巴东被花天河所隔，南下景阳受清江水所阻。为便于两岸人畜往来，他自掏腰包，分别在两处水码头上建造了渡船，并常年负担摆渡人的工资。花坪到石马、凤凰，原来尽是坎坷崎岖的羊肠小道，行人深感难走。他又为此捐款修道路，经多方努力，这两条小径都变成了石板铺就的大路。为埋葬路旁的无人收尸的死者和无人治丧的孤人，他专门拿出了一笔钱，常年置备棺木30副，分放于花坪新街、老街两个谷行和戏台的亭楼上。20世纪40年代初，外地的戏班子来花坪，他主动出钱，包场公演，让镇内镇外的男女老少观看。其他零星施舍，他也从没吝啬过。1949年11月初，花坪爆发地方武装起义，迎接解放军到来，镇上的工商界从物资上给予无偿支援，他一次就捐粮一万多斤、食盐两千多斤，获得"开明士绅"称号。建国初期他为建设新中国认购建设公债，一次就达400多万元，后又为抗美援朝捐献爱国款1600多万元，体现了他的一片爱国心。

1955年，县人民政府对私营工商业实行社会主义改造，田明先的先记田兴盛商号宣告终结。他本人离开了柜台，其妻向氏成了集体商业部门的过渡人员。他将十几栋房子的铺面折价2200元入股花坪供销社。田明先于1980年农历十一月离世，享年83岁。

**为教育鞠躬尽瘁的田明堂**（1938—1984年），花坪镇小西湖村人。1957年毕业于恩施师范。先后在高店子、石垭子、望坪等小学任教员、教导主任、校长等职。田在望坪中学期间，一心扑在教学工作上。1983年，公社文教组抽走4位教师去扫盲，落下的教学课程全由他一人顶替，已患肝病的他，实在支持不住时，就趴在床沿上休息几分钟后又批改作业。田明堂有一个信念，多培养一个人才，就可以多改变一个人、一个家庭、一个家族的命运。他既当校长又挑物理教学重担，没有仪器，就采用土法自制；较为精密的仪器就到兄弟学校去借用。对学习成绩较差的同学则经常给予个别辅导。1983年中考，他教的物理课程人均分和高分率居全县第一。1984年，望坪初中19人上重点高中线。学生到县医院体检那天，田明堂强忍着肝病带来的疼痛，和19名学生谈笑风生地到了县医院。19个学生全部通过体检，田明堂却倒在了县人民医院。经州人民医院检查，为肝癌晚期。9月，田明堂在州人民医院去世，终年46岁。

**一代名师田寿先**（1928—1999年），花坪镇人。民国三十四年（1945年）毕业于省立六高，同年考入国立湖北师范学院教育系。民国三十八年（1949年）7月毕业后受聘为建始县立初中教导主任。1951年1月至1955年9月任该校校长。1955年10月调恩施师范任教育实习主任，从事汉语拼音教学研究。1956年8月调湖北省教育厅视导室，任中学、师范视导员。1957年受省教育厅委派，随时任湖北省长张体学巡视宜昌、恩施地区，任随行文教参谋。后调任恩施地区教育局教研室主任，组织编写中专语文、历史、地理、生物等教材。1961年调利川县，先后任汪营二中、团堡高中校长。1983年7月后，调利川市地方志编纂委员会，任副主任兼方志办公室主任、总编辑。曾当选为利川市人大代表、人大常委会委员。

**高级工程师吴际康**（1936—2004年），1936年5月出生于花果坪镇。1957年在恩施高中毕业后考入华中工学院机械制造工程系本科，毕业后在武汉重型机床厂先后任设计研究所技术员，车间主任及三、四分厂副厂长、厂长等职。1978年晋升为工程师，同年加入中国共产党。1987年被评为武汉重型机床厂第四分厂优秀厂长，武汉市机械委员会授予他开发优秀新产品二等奖，武汉市经济委员会授予他开发新产品一等奖。1988年被授予高级工程师职称。1990年，武汉市人民政府授予他民族团结先进个人称号。2004年12月去世。

**教育名家、全国人大代表田寿延**（1928—2009年），1928年出生于花坪集镇，童年丧母。1947年完成中学学业，先后在建始花坪、景阳、高店及城关小学任教。1952年被选送到湖北教师进修学院学习一年后，调入建始县初中任教。1956年，到湖北师范专科学校教育行政班学习，后进入建始县第一中学任数学教员、教导主任。

1962年至1966年，在华中师范学院数学系学习，获得大学本科学历。至1980年，一直在建始一中任教。曾为中国数学学会会员、湖北省数学学会会员、恩施州数学学会名誉会长。田寿延对数学有相当研究，造诣颇深，教授数学严谨而又生动，还不乏风趣幽默，深得学生喜爱。

1980年当选为建始县第九届人民代表大会代表，任建始县人大常委会副主任，开始走上领导岗位。1983年，恩施土家族苗族自治州成立，当选为首届恩施州人民政府副州长，兼任州民委主任。1983年和1988年，先后当选第六届、第七届全国人民代表大会代表，并被推举为大会主席团成员、大会全体会议执行主席。1988年届满后任州人大常委会副主任，兼任州人大民委主任委员。1993年当选为第八届全国政协委员，提出的建设恩施铁路、综合开发清江流域的提案，通过全国政协立案分别由铁道部、湖北省人民政府采纳。1996年退休。2009年9月因脑梗去世，终年81岁。

**高级工程师许子彬**，花果坪镇人，1927年8月出生。1940年至1946年12

月先后毕业于花坪省立三小、清水塘长阳初中、汉阳高级工业学校。1949年6月至9日，在应城荆州革命干校学习，1952年6月至1954年9月在广州华南工学院工程测量专业班学习。1947年1月至1949年4月，在云梦、天门、汉川等中学任数理化教师，天门乾驿新解放区天汉中学筹备主任。1949年10月至1952年5月，任江陵县沙岗区人民政府秘书。此后一直在长江流域规划办公室勘测总队从事勘测工作，1959年入党，先后任技术作业组长、检查员、技术队长、工程师等职。1987年晋升为高级工程师，同年离休，后被聘为《长江志》撰写人员。

走近

# 屯垦之地
## ——猫儿坪村

## 村落概况

猫儿坪村位于建始县业州镇西部,平均海拔约657米,距县城业州镇约10千米,东至野韭池村,南邻风吹坝村,西接恩施市白杨坪镇麂子渡村,北与戴陈沟村接界，辖 21 个村民小组，有安家湾、刘家槽、易家坂等 20 个居民点，区域面积 9.64 平方千米，主产水稻、玉米、小麦、红薯、土豆、生猪、山羊等。（据猫儿坪村村委会 2019 年统计数据）猫儿坪村以李姓、熊姓、孙姓、胡姓为主。猫儿坪是建始县西部的交通枢纽和咽喉之地，七杨（七里坪－杨泗庙）公路、猫鹿（猫儿坪－恩施麂子渡）公路、大猫（大堰－猫儿坪）公路穿街而过，柏油路、水泥路通组通户，四通八达。交通的发达带来了猫儿坪村商业的繁荣。

猫儿坪村落局部（李鹏 摄）

安家湾位于猫儿坪村东部，是一个山湾。乾隆年间，吴姓人家因避水灾，举家迁徙来到这里，见湾中土地平坦，于是挽草为记，烧荒垦田，修建房屋，安顿下来，结束了颠沛流离的生活。因感激老天给了自己这一处安身立命的土地，故取名"安家湾"。火石坡位于猫儿坪村东部，地形为坡度较缓的山坡，山坡为硅质页岩，硬度强，用两块石块敲击，就能进出火星，引燃干草，早年村民以此石引火，将此石称为"火石"，故得地名"火石坡"。界碑垭位于猫儿坪村东部，地形为山垭，原垭中立有一块碑，后以此碑作为与戴陈沟村分界的界碑。吕家湾位于猫儿坪村东部，清康熙年间，吕姓始迁祖吕文燕率族人自江西南昌朱氏街迁至恩施崔家坝落业，后分支族人迁至此地创业定居，故名吕家湾。吕家湾百善坡有辛亥革命志士吕大森故居。新场位于猫儿坪村东部，此处地势平坦，原坪中有两口堰塘，故名双堰塘，后成为新集市，附近村民逢集日前来赶集，因集市形成时间晚于猫儿坪老街，故得名新场。刘家槽位于猫儿坪村东部，清乾隆二十五年（1760年），刘姓先民从湖南湘潭迁徙至建始，分支族人来此山间槽地落业定居，为该地主要姓氏。谢家湾位于猫儿坪村东部，清康熙年间，朝廷下诏湖广填川，谢姓先民从湖南迁至属四川夔州府的建始，分支族人到此山湾落业定居。学堂湾位于猫儿坪村东部，清末民初，这里设过私塾，故名学堂湾。猫儿坪位于猫儿坪村中部，为村民委员会驻地，猫儿坪原名为猫儿屯。猫儿屯原有一丘水田，所产大米品质特别好，被作为贡米贡奉给朝廷，但这块田面积不大，一年所产大米仅两三百斤，当地人戏称这丘田的米只够一只猫儿吃一年，故得名猫儿屯，又因地势平坦，后更名为猫儿坪。易家坂位于猫儿坪村西部，其地形为缓坡，清雍正年间，易姓始迁祖易正经率族人从荆州府松滋县上四都七坵坪迁徙来到建始，分支族人来此定居，在坡上开垦梯田，易姓人家是最早在这里开山垦土的村民，故得名易家坂。上于家湾位于猫儿坪村西部，清初，于姓人家自建始县城郊于家坝迁于此山湾定居发展，成为湾中主要姓氏，故得名于家湾，后其他姓氏迁入，人口增加，扩建房屋，根据地势将该湾称为上于家湾、下于家湾，地势较高之地故名上于家湾。下于家湾位于猫儿坪村西部，北连上于家湾，这里地势略低，故名下于家湾。向家湾位于猫儿坪村西部，向姓系远古巴人的相姓演变而来，世居建始，后因战乱迁出，于明洪武初年返回建始居住，其中一支族人来此山湾定居，为该湾最早居民。刀子山位于猫儿坪村西南部，此地有一山，山瘠薄，山梁长，形似一把刀，故名刀子山。熊家湾位于猫儿坪村西南部，清康熙年间，熊姓始迁祖熊大顺率族人，从湖南常德武陵县蛮子嘴迁至建始城北三里台画眉洞，分支族人来此山湾创业发展，为该地最早居民，故名熊家湾。贺家湾位于猫儿坪村西南部，清雍正末年，贺姓始迁祖贺立生率族人从湖南衡阳迁徙至建始猫坪老虎洞观音岩，分支族人来此山湾落业定居，故名贺家湾。上竹园坝位于猫儿坪村南部，地势平坦，盛产竹子，形成竹园坝子，居民点位于平坝的上方，地势略高，故名上竹园坝，平坝的下方则名下竹园坝。白果坪位于猫儿坪村南部，清雍正八年（1730年），陈姓先民自荆州府监利县迁至建始罗家坝岩风洞，分支族人来此平坝落业，见坪中有一棵大白果树，故取名白果坪。许家湾位于猫儿坪村东部，清初，许姓先民自湖南岳州长湖乡白杨村鱼子塘迁来建始新陇里，分支族人来此山湾定居，故得名。

猫儿坪村地处大巴山、巫山余脉，属喀斯特地貌特征。以村委会驻地集镇为中心，东为横子山，南为猫儿山，西为石乳山，西北为夜壶山，北为火石坡，形成一个筲箕形山间小盆地，被由西向东的交养河分割成南北两部分，集镇由北向西南延伸，全长约2000米。村落山水交汇，盆地中有山名拦马山，有田名马道子坵，有河名交养河。交养河源自猫儿坪寨坡云雾观山脚，流经大竹园、干河沟、猫儿坪、大堰、老虎洞，自马栏溪起，经朝阳观山、南山坡山脚，九曲回肠东流至小河边汇入县城广润河。

猫儿坪村，历史悠久，人文积淀深厚。明洪武四年（1371年），属湖广都司施州卫建始县辖；明洪武二十三年（1390年），属四川夔州府建始县辖；明正德七年（1512年），属建始县坊郭里辖；清康熙二十年（1681年）至清雍正年间，属四川夔州府建始县坊廓里辖；清乾隆元年（1736年）"改土归流"，建始县划归湖北布政使司，属湖北施南府建始县坊廓里一甲辖；到清末，仍属施南府建始县坊廓里一甲辖。

民国时期，猫儿坪村曾是当阳乡乡公所驻地。民国元年至六年（1912—1917年），沿袭清旧制。民国七年（1918年）建始县设立仁、义、礼、智、信、温、良、恭、俭、让10个区，猫儿坪属"仁"字区辖。民国十九年（1930年）属第一区当阳联保辖；民国二十四年（1935年），属第一区当阳联保辖；民国三十年（1941年）10月22日，建始县政府下发"关于实施新县制"的训令，猫儿坪属当阳乡六保；民国三十八年（1949年），县长刘缙设城乡区，猫儿坪属城乡区当阳乡六保。

20世纪50年代，猫儿坪村先后为城乡区政府、当阳区政府、第一区区公所驻地。1950年，废除保甲制，猫儿坪村属城乡区猫坪乡管辖，命名为猫儿坪村。

1951年2月,从城乡区分设当阳区,猫儿坪村属当阳区猫坪乡。1952年4月,撤销当阳区,猫儿坪划归到城乡区。1953年,将地名区改为数字区,猫儿坪村属第一区猫坪乡管辖。1954年,猫坪区公所迁至县城。1956年8月,恢复地名区,属城乡区猫坪乡管辖。1958年9月,人民公社化运动开始,撤销城乡区,设联城、中心二乡,猫儿坪属联城乡,即联城人民公社猫坪管理区猫坪大队,猫坪区驻地迁至县城。1958年10月,将全县10个乡10个人民公社调整为7个乡7个人民公社,猫儿坪属朝阳乡。1958年12月,取消公社的数字命名,更名为朝阳人民公社,猫儿坪属朝阳公社猫坪管理区管辖,更名为新华大队,成为大队管委会和村民委员会驻地。1959年2月,朝阳人民公社分为朝阳、猫坪两个公社,猫儿坪(新华大队)属猫坪公社猫坪管理区辖。1959年8月,朝阳公社、猫坪公社合并组建城乡公社,猫儿坪(新华大队)属城乡公社猫坪管理区辖。1960年5月至6月,成立城市人民公社时,从城乡公社中分出原猫坪所辖地区成立猫坪公社,猫儿坪(新华大队)猫儿坪又属猫坪公社猫坪管理区辖。1961年,恢复区建制,属猫坪区猫坪公社管辖。1975年,撤区并社,属猫坪公社猫坪管理区管辖。1982年,规范政区名称,将新华大队更名为猫儿坪大队。1984年,撤社建区(乡),属猫坪区管辖,更名为猫儿坪村。1996年,撤区建乡(镇),猫坪区与业州镇合并,属业州镇管辖,仍名猫儿坪村,村民委员会驻地为猫儿坪居民点。

猫儿坪村落局部(李鹏 摄)

# 古道老街老屋见证曾经的繁华

猫儿坪村原名"猫儿屯",是屯田之所,官府募集百姓在官地上开垦耕作,聚草囤粮以备军需。由于位于古楚蜀交通要道上,这里很早就形成集市。最早记载猫儿坪集市的是清道光版《施南府志》,府志在"卷六·建置·乡里·集场"中载,"西乡一:猫儿坪。"这说明在清道光以前,建始西乡仅猫儿坪一个集市。清同治版《建始县志》的记载中多了一个上竹园集市。

1994年出版的《建始县志》记载:"建始至恩施道(之一)。途经猫儿坪、安子门、麂子渡至恩施太阳河。县内里程15公里。"这是清代至民国时期县内8条人行大道之一,所谓人行大道,也就是古盐道和古商道,当地人称为"骡马大道"。这条大道始于县城七里坪,经火石坡到猫儿坪村,再经安子门到恩施市麂子渡、石乳关(十二官)、太阳河,再经重庆市奉节县三角坝到云阳。因此,它不只是建始至恩施的大道,也是一条建始入川的大道。

猫儿坪村西边的石乳山,位于古道旁边,是建始与恩施的界山,

传统建筑的礅磉(龚志祥 摄)

也是三国时期吴蜀分界之地,宋明时期的不少典籍都有石乳山的记载。清嘉庆版《建始县志·山川》记载:"石乳山,治西二十五里。山谷《业州山行》诗,'石乳溅如沫,疑是龙驹喷',亦奇观也。"明史《地理志》记载:"'建始县西有石乳山,产麸金',今不复见。"明成化年间恩施人童昶作《石乳山》诗:

界分楚蜀控喉咽，诸葛遗踪俗尚传。

一锁南封千里地，双峰高挂九重天。

华夷今古关防立，草木春深造化权。

我忝书生有边寄，瓣香心绪托前贤。

古道进入猫儿坪村后，首先要过交养河。清代，交养河上修有一座石拱桥，桥的东头上有13步台阶，西头下12步台阶，桥上雕有一条石龙，龙头朝着猫儿坪街道，栩栩如生。

猫儿坪老街，有一条宽4米左右的街道，全用青石板铺成。青石板大小不一，却大体整齐，石板与石板之间，钻出寸许长的柔草，像是为青石板缀上了绿色的花边。房子一幢挨着一幢，清一色两层土墙木板房屋。石砌的台阶，雕梁画栋的窗台，略翘的飞檐，青色的瓦片，显得古老而苍凉。房子大都老化，有些墙面已经破损，黄色泥砖裸露着，墙裙也生出簇簇墨绿色苔藓。木板柱头，漆面斑驳。20世纪60年代刷写的标语隐约可见。与新街相比，这里安静而冷清，只有三三两两的游人，青石板上时断时续的脚步声。古道穿过猫儿坪老街，经向家湾一直通向建始的西大门鞍子门，再到恩施市麂子渡。

老街局部（毛昌恒 摄）

村里有成系统的木质榫卯结构传统建筑，采用框架式结构，榫卯安装、梁架承重，多为瓦房、商铺，铺面柜台、四合院天井等，在造型上注重曲线美，主次分明，互相协调，磉磴、窗、板、门雕刻精细。现留存"李家大屋"等十来处老建筑。

现猫儿坪村集镇中心，曾经有一栋建于清代的御前侍卫衙门（私衙），也就是清嘉庆年间御前侍卫李逢春旧居。建筑为四合院平房，三进一天井，建筑面积约255平方米。遗址上已经有农户建了新房，现仅剩下一方抹过水泥的天井的遗迹。前夏衙门前的一对石狮子，一雄一雌，雄狮头上有13个包，雌狮头上有11个包，高度约1.2米，传说当年李逢春曾将其抱下交养河洗过澡。据年近80岁的李道品老人介绍，这对石狮毁于20世纪60年代。李逢春的"御前侍卫衙门"已不复存在，但在李逢春故居遗址上建房的村民至今还保存着李逢春旧居的楠木板子；李道品还保存着李逢春家的一块木匾，上有"学化瑗龄"四个阳刻行书大字，落款为"池文和、蔡志文、赖世恭、谢天绪"。

"学化瑗龄"寿匾（傅一中 摄）

紧邻李逢春旧居的西边是当地巨富李光炼的房子，建于20世纪30年代，系一石木结构院落，占地面积600多平方米，共三进七天井，两间亭子，第三间亭子因李光炼去世后无人打理故未能建成，第八、第九个天井也未能建成。现在，李光炼的房子整体架构包括亭子尚在，但已濒临坍塌。

李光炼房子的西边原是一座庙宇，二进，前有戏楼，两边是围屋，后面是正厅，中间是一个大院坝。民国时期，是当阳乡乡公所驻地。现在只剩下遗址，成为一片菜地。

猫儿坪村也是建始西乡方圆30多里的集贸中心。老街长300多米，自北向西南延伸，中途转折两次，形成"N"字形。清代至民国时期，街道两旁商铺林立，仅坐商近50户，其中有客栈3家、药店4家、牲畜交易行2处、粮行2家、杂货店和小食店各10多家、铁匠铺2家、银店1家、铜器店1家、茶行1家、布庄1家、肉案子4个等，老街的北端为民国时期的当阳乡中心国民小学。猫儿坪集市为三、六、九日的逢集，每逢集日，建始、恩施乃至四川奉节等周边方圆几十里的乡民云集于猫儿坪集市，除了坐商外，有提篮卖鸡蛋的老妪，有挑小箩筐卖茶叶、苎麻的老汉，有摇着蒲扇穿梭于闹市中收购土特产的武汉、随州客商……熙熙攘攘，人头攒动，叫卖声、吆喝声、笑骂声、讨价还价的议论声，加上学校学生的读书声，此起彼伏，不绝于耳。人们卖完土特产，买足所需商品后，往往邀约二三好友，钻进一家小食店，叫一壶玉米酒，点一个羊杂火锅，开怀畅饮，洗刷疲惫，别有一番情趣。

## 李逢春生平及其传奇故事

据清道光版《施南府志》载：清嘉庆十二年（1807年），李纬光中武举；清嘉庆十三年（1808年），李纬光中武进士，其子李逢春中武举；清嘉庆十九年（1814年），李逢春亦中甲戌科武进士。李纬光，派名李俊康，字纬光，于清乾隆年间出生于恩施市麂子渡，清嘉庆年间举家迁至建始猫儿屯。清嘉庆十二年至十三年（1807—1808年）先后中武举、武进士后，任江苏徐州卫守备，于清道光十一年（1831年）卒于任上。李逢春，派名李正崇，字逢春，清乾隆五十六年（1791年）五月九日生于恩施麂子渡，嘉庆年间随家迁至建始猫儿屯。清嘉庆十三年（1808年）中武举，而后赴少林寺深造，深得少林寺玄妙大师指点，技艺精进。清嘉庆十九年（1814年），赴京应甲戌科考，一举夺魁，高中武进士，同年授任山西得胜路守备，蓝翎侍卫。时年方23岁。次年，嘉庆帝出巡山西，李逢春随驾伴行，途中突遇险情，李逢春临危不惧，只身排险。因护驾有功，清嘉庆二十三年（1818年）被钦点为御前侍卫，官列正三品。其母陈张氏故后，嘉庆帝于嘉庆二十四年（1819年）正月初一日诰授陈张氏为"宜人"，并钦赐"虎头碑"。嘉庆帝诰授宜人的诏书曰：

> 奉天承运，皇帝制曰：戎事宜劳，每兴怀于将母；王廷沛泽，爱锡类于荣亲。尔陈张氏乃蓝翎侍卫加二级李逢春之母，克修壸则，聿著母仪。教子矢忠尽之忱，兜鍪增采；酬庸本庭帏之训，纶綍生光。兹以覃恩，封尔为宜人。吁戏！际燕喜之昌期，宁忘国命；受鸾翔之典册，用表家祯。
>
> 嘉庆二十四年正月初一日覃恩

不久，道光皇帝继位，李逢春继续任道光皇帝的御前侍卫。道光十一年（1831年），其父李纬光病故于任上，李逢春奔父丧返回故里。三年丁忧期满，由于厌倦官场，无意返回皇宫，在故乡私衙中度过下半生，卒于清光绪元年（1875年），终年84岁。李逢春临终前嘱咐家人，死后择吉地要以儿孙健康为要、勿作出仕之选。李逢春去世后葬于猫儿坪村张家包山坡上。十年后的清光绪十一年农历十一月至十二月，李氏子孙在拦马山下为李逢春母陈张氏墓立嘉庆帝所赐虎头碑，碑正中刊刻"皇清诰授宜人故祖妣谥忠贞李母陈老太君墓"，

嘉庆帝所赐虎头碑（李鹏提供）

并将嘉庆皇帝诏书原文刊刻在虎头碑上；同时在张家包为李逢春墓立碑，正中刊刻"钦点御前夏显考李公逢春崇老大人墓"，碑联为："马上壮三千貔虎，胸中藏数万甲兵。"

由于年代久远，李逢春母亲的坟墓多次遭盗掘，且半截墓碑被土掩埋。2016年农历七月，恩施李氏宗亲联谊会集资对李逢春及其母亲的坟墓进行整修，并将李纬光遗骨移葬于陈张氏墓中，分别在陈张氏墓碑前和李逢春墓碑前重立墓碑。

# 深山文苑
## ——摩峰村

## 村落概况

摩峰村位于建始县官店镇北部,村内有山名摩峰,高大险峻,自古以山为村名。该村距官店镇人民政府驻地约12千米,东接栗子桥村,南邻柳木垴村,西连灯笼山村,北至竹溪沟村。村民委员会驻柿子树岭居民点。全村总面积

12.36平方千米，其中耕地211.99公顷，林地946.42公顷。年平均气温12℃，年降雨量2100毫米，无霜期180天。截至2019年末全村共有村民410户、1631人。下辖12个村民小组，有11个居民点。居民有张姓、柳姓、罗姓等，以张姓为主，多为土家族。产业结构以农业为主，种植玉米、土豆等，经济作物以白肋烟为主，养殖猪、牛、山羊。（据摩峰村村委会2019年统计数据）

托里位于摩峰村东北部，此地为摩峰村最偏僻的一个槽地，清初，向姓人家为避战乱自清江南岸迁徙至此，形成聚落，并取名托里。龙潭位于摩峰村东部，该地有一大水潭，据传曾有青龙潜跃于潭，故得名。骡马岩位于摩峰村东部，该地有一处下部凹陷进去的山岩，能遮阳挡雨，其下为大路，路边有一石桩，可栓骡子和马，故过往客商常在此歇脚。明末清初，因做川盐生意，刘姓家族自江西吉安迁徙至官店硝洞摩峰，运送川盐经过此岩时，常将骡马栓在石桩上歇息，故称此地为骡马岩。张家老屋位于摩峰村南部，清乾隆年间，为避水患，张姓始迁祖张灿自枝江循清江溯流而上，至官店摩峰落业，挽草为界，垦荒种植，建造屋舍，成为当地望族。后人口增多，子弟另修屋舍，称最初居住之屋为老屋，遂以张家老屋为地名。舒家湾位于摩峰村北部，该地地形为山湾，清初，舒姓族人自湖北麻城孝感乡迁徙此地，垦荒定居，为该地最早居民，故得名。境内有2棵由建始县人民政府立牌保护的古树，均为刺柏，保护等级为三级。上坪位于摩峰村北部，清乾隆年间，罗姓人家因水患自荆州江陵迁徙至官店，在该地山坡上的平地建房定居，故名上坪。张家新屋位于摩峰村南部，清乾隆年间，张姓始迁祖张灿自枝江迁徙至官店摩峰落业，后因张姓兴盛，张家老屋容纳不下，部分族人迁出老屋，在此地建房定居，为与老屋区别，取名张家新屋。长方湾位于摩峰村西部，该地地形为山湾，山湾弯曲弧度很小，整个湾就像一长方形槽地，民居建于长方形槽地旁，故得名长方湾。葫栗槽位于摩峰村西部，该地地形为山槽，盛产葫芦和板栗，故得名。摩峰湾位于摩峰村南部，位于海拔约1415米的摩峰山之山脚，群山环绕，地处山湾，故得名。柿子树岭位于摩峰村西部，是村民委员会驻地，山岭柿子树多，盛产柿子，故得名。

## 张氏家族溯源

摩峰村平均海拔1200米左右，方圆不过10千米，四面被海拔1400米以上的高山环绕，以"摩天之峰"得名。摩峰坪中，有一迄今已230余年历史的张家老屋场。晚清至民国初期，张氏家族"元、继、叙"字辈三代人中先后出现14名文人彦士（含武士），被族人、乡人称为张氏"六君子""七秀才"的才俊都出自这里。这在官店摩峰这样一个穷山僻壤的地方，是一种奇特的文化现象。

张氏家族在文化兴盛时期，一些举贡生员均有诗词歌赋、文章字画成集。然而仅有清末迁居车营的晚清贡生、太学生张继和的诗集《清江渔父吟》被保存下来。20世纪90年代，诗集《清江渔父吟》在官店车营和鹤峰县、恩施县等地几经辗转，原件丢失，但复印件于2000年被建始县档案馆发现，作为建始历史文化遗产在《清道光版〈建始县志〉校注》一书中刊载。

张家老屋场位于摩峰村南部，距村民委员会驻地约1千米，东临稻子槽，南邻摩峰湾，西接张家新屋，北连舒家湾，地势平坦，海拔约1200米。张家老屋东南是一片森林，东北是岩口子，北接景阳青龙河，风光秀丽。张家老屋场修建于200多年前的清乾隆时期，在晚清至民国时期为贡生、翰林学士张元善、张元钹兄弟及其后代住房。张家新屋位于摩峰村南部，距村民委员会驻地约200米，东临张家老屋，南邻葫栗槽，西接长方湾，北连柿子树岭。

张元善、张元钹兄弟俩系张灿之孙，为摩峰张氏第三代。张元善为清代贡生、翰林学士。据清光绪版《施南府志续编》载，清廷貤赠其"儒林郎"头衔，加赠"朝议大夫"，并赐以"大夫第"匾额，其墓碑亦镌有"御印"字样。

张元善膝下四子，分别是张继品、张继洛、张继培、张继植；张元钹膝下六子，分别是张继明、张继德、张继和、张继安、张继兴、张继智。张元善及其四子加上侄子张继和，被时人称为"六君子"。"继"字辈以下的"叙"字辈，其中张叙鼎、张叙甲、张叙宾、张叙魁、张叙璞、张叙选、张叙祯，被时人称为"七秀才"。"六君子""七秀才"的身世与足迹，除《施南府志续编》有零星记载外，更多的只能凭张继和的《清江渔父吟》中的有关记载去寻觅。

张继品，字贡三，晚清贡生，其官阶亦因墓碑被毁不可考，据《施南府志续编》载："以侄叙甲贵貤赠武德左骑尉（五品衔）"。

张继培，文武双秀才，本可随张继洛在京为官，但弟兄俩商定由其回老家管理家业。

张继植，文秀才，武贡生，清同治年间从军，还乡后又任地方团首数年。张仲羲《书问植弟新去近状裁韵赋答》诗云："少年跃马走中原，逆捻滔天海日昏。壮士罢归寻旧业，将军老去沐皇恩……"诗中自注曰："同治六年正月，弟随鲍爵帅破捻酋任柱于阳家港丰乐河，斩万数千人。"由此诗可知，清同治六年（1867年），张继植正带兵与捻军作战。"音书远寄凭秋雁，魂魄飘零隔夜郎"，张继和寄诗给远在万里之遥的幽蓟战场作战的植弟，告以家中近况、农事，并诗劝植弟"壮岁早作隐退思"，趁早回乡享受"蔬园菊圃并东篱"的园田生活。

张继洛，字仲伊，号尹人，建始贡生，赐进士出身，清光绪年间先后补阙就任于河北保定直隶州知州、广平府知府（均系四品衔），后任户部三品官员（职位不详），居家于保定和北京两地，最后病殁于保定。清光绪二十年（1894年），张继洛时在京城为官，是年四月二日，张继和接其家书，知兄仲伊家运不济，十年间，妻吴氏、子叙武、二女及内弟五人相继去世，悲痛之极，赋诗六首，其思亲之情溢于言表。下举其四：

  宦场波如海，官味冷于冰。南望三千里，云迷几万层。有书无人寄，悲悼不自胜。可怜娇儿女，空惟一盏灯。

  雕鹗方垂翅，鱼龙未化形。茫茫春草绿，熠熠夜灯青。梦绕清江水，天横北斗星。郎官成白首，洒泪写零丁。

  早知身许国，车马走风尘。十载留清苑，三春觐紫宸。半生青眼旧，垂老白发新。可惜燕山路，天涯莫比邻。

  十年五人死，一度一寄书。细草先花发，孤云望日疏。啼化子规血，梦断阳乌居。言归归未得，空钓玉泉鱼。

张继和在另一组诗《得尹人兄北道家书备询南道消息却寄》中，详细介绍了摩峰家中近况：父母、兄贡三（继品）、继室鄢氏相继去世，侄叙魁、叙宾相继丧偶，刘氏姊与黄氏妹亦亡故，其家境同远在燕山脚下的兄家一样，"卅载相怜同一病，重忧无语问三生"。在这种境况下，张继和诗劝仲伊兄早日辞官归梓，儿女团圞。其情真挚，其意恳切：

> 旅邸悲歌客路难，飘零书剑影形单。汉家广受终辞禄，陆氏机云莫恋官。差信风尘多物色，相期儿女共团圞。图书万卷山房在（自注：万卷山房尹人兄读书处），南海烟霞仔细看。

张仲伊终于没有来得及解甲归籍便客死于保定。张继和闻讯，在《哭兄尹人正月六日殁于保定》中悲愤地写道：

> 比翼参差悲七子，同胞昆季剩三人。盖棺论定先行状，曳林归休现在身。世界难寻干净土，中朝谁是栋梁臣？唤回一枕邯郸梦，草绿池塘断送春。

> 有姨不愿归南土，有侄不能侍北帏；有子业经循故辙，有孙决计换征衣。风流云散宾筵似，漏尽钟鸣华屋非。独有脊令原上草，凄凉薤露感朝晞。

张继洛一生"卅载辞家军国计，五朝奔走乱离年"，最后只落得"风流云散宾筵似，漏尽钟鸣华屋非"，丧妻失子，影孤形单，魂羁直北，客死幽燕。张继洛在河北、京师一带为官三十年，与张继和书信不断，更不乏诗词歌赋相酬和。遗憾的是，张继洛的遗墨在故土摩峰乃至车营等地竟无一字幸存。

## 诗集《清江渔父吟》

张继和，字仲羲，派名张继和，号春谷，又号介然。清光绪七年（1881年），年已47岁的张仲羲以建始县学廪生的身份奉诏入太学。清光绪九年（1883年），湖北省督学使高某赴施考贡，方取其为贡生，故张仲羲诗有"十年贡树晚生香"的诗句。张仲羲取贡后，被授予军职（具体职务不详），据其诗稿《清江渔父吟·雪泥鸿爪图十四册》载，转战于湘鄂川三省缉贼，足迹所到之处有岳阳、武昌、钟祥、黄州、蕲春、宜昌等地。约于清光绪十年（1884年）奉两江总督左宗棠和湖广总督涂宗瀛之檄到四川缉贼。清光绪十一年（1885年），母亲去世，张仲羲回梓服阙。清光绪十三年（1887年），父亲又去世，因此，他继续在梓服阙。清光绪十六年（1890年），服阙期满，省督学赵某赴施录科，由时任建始县知县姚学康举荐出仕，任官店团总，教练团丁，设防御寇。晚年，张仲羲隐退在故居官店车营设馆授徒，编撰诗稿《清江渔父吟》。根据诗稿批注的年号推算，他逝于民国十三年（1924年），终年90岁。

张仲羲奉诏入京之前，受善后局之檄任清光绪十年（1884年）《施南府志续编》采访之职（见清光绪版《施南府志续编·人物志》），据其诗所载，他于此期间同时纂修《建始县志》，现存《清江渔父吟》诗稿，收录其毕生诗作600多首，其曾孙张万举收藏于鹤峰方得以传世。

张仲羲的诗题材广泛，内容丰富，切中时弊，格调高昂。湖北省督学使高题对其作了很高的评价：

感时事则慷慨殷忧，纪游览则悲壮淋漓，述交谊则沉郁顿挫，及山林寂处，又颇有王韦逸致……

张仲羲的五古诗、七古诗，写军营生活的居多，这与他的戎马生涯、南征北战的军旅生活密不可分。他描写军旅生活慷慨激昂，在描写战事的同时，抒发自身感受。如任官店团总时所作题为《己亥正月团防解严再叠韩韵呈曾衡圃明府》诗：

抛弃笔砚陡从公，段分前后左右中。清江南团三百里，君以为雄谁不雄。父老相泣捧马首，道我人厄胜天穷。龙颠凤倒彝伦斁，异教抵隙煽妖风。触蛮角逐邻衅起，小淌况与麻柘通。阳巴鹤乐兵团集，建南一面守备空。先生请命慈父母，胶漆相投水乳融。前临极冲金鸡口，次厄中权武圣宫。裹粮坐甲勇集，风霜兵燹彻夜红。但令师行如流水，同舟共济在和衷。我闻此语心胆碎，万家性命责眇躬。进不挑衅南北党，退不规避死生同。一夫当关万人失，鸟惊兽散时局终。鸡犬无声盗贼息，借众人力匪余功。归来养疴南山下，雪压蚕丛月影胧。忽奉铁画银钩字，祥光涌出大明东。

这首诗是清光绪二十四年（1898年）张仲羲奉命堵截长乐县（今五峰县）、巴东县等地哥老会起义时写的。张仲羲任官店团总，忠于清廷，这首诗表达了他确保一方疆土太平的雄心壮志。

《清江渔父吟》中有不少怀古诗，多为借古喻今。如《日出入行》，就是通过感怀古代圣贤的匆匆逝去来表达自己韶华已逝、壮志未酬的情怀：

> 扶桑捧出大明东，万里金波射碧空。朝浴咸池夕蒙汜，翻云入海摩苍穹。南北有盘古不消之冰八万四千丈，东西有混沌未凿之穴一息八十返罡风。章亥步之游四极，羲和鞭之驾六龙。夸父追逐不及道渴死，鲁阳挥戈驻景骋英雄。三皇开

张仲羲《清江渔父吟》手稿（傅一中 摄）

辟驹过隙，五帝圣明日升中。维时巢居舟处，横流水洪。尧咨嗟，舜吁咈，鲧则殛死羽渊之下化黄熊。禹登宛委山，斋居黄帝宫；夜梦苍水使，大地脉络通。支乌祈锁清淮下，乘龙驾鼍告成功。此后日昃文不暇，坐思待旦继周公。君子之过，如有食之；及其更也，瞻仰无穷。江汉既濯秋阳暴，来日苦短去匆匆。况我年周甲子过再闰，铜壶漏尽听鸣钟。东隅已逝志未就，两鬓风雪首飞蓬。春雨膏沐汉阳柳，秋霜冷落吴江枫。回首锦城霞万道，留得桑榆晚景红。

张仲羲的叙事诗，亦非寻常之作。如《摩峰骤雨》，大量运用夸张、比拟的

修辞手法,将官店摩峰的一场骤雨描写得非常逼真:

> 霹雳裂缺蛟龙吼,四围狂风吹雨走。电如烈焰光烛天,海立云垂墨花黝。疑是蚩尤之旗卷地来,又疑九年泽洞之水重为灾。龙门覆压三百里,巨灵无手掣不开。山昏水恶涛声疾,屋瓦振飞大木拔。岳伯置酒迎谷王,咫尺万里人相失。须臾东极挂长虹,毕竟天道犹张弓。落日西斜薄蒙石,敷天黄云荞万重。珠帘暮卷跳珠雨,恍惚身在群玉府。长歌一声送晚雷,君不见圣求贤兮云从龙,臣得君兮风从虎。

张仲羲的诗,不乏为民请命之作。他的《银箔夹》正是揭露社会昏馈替民问天的檄文:

> 清水总兵敖天印,不重民命重军命。军不卫民反毒民,可怜民冤无处伸。清水一营二千勇,民供军食日千斤。年计三十有六万,县朝正供反更轻。贫民有时承其乏,官军惯用银箔夹。银箔夹,夹民鼻,婉转呼号惊天地。呕心一腔血,滴作千行泪。贼来辍耕方避贼,贼去催科又避吏。将卒骄横不杀贼,偏善夹民作儿戏。

这首诗较为详细地描写了清水县总兵敖天印横征暴敛,用银箔夹夹民鼻的暴行,同时,对贫民给予了极大的同情。

如果说这首诗的锋芒所指是清军压榨贫民的话,他的《竹叶楠》一诗锋芒却是直指腐败昏庸的慈禧太后:

> 竹叶楠,远在夜郎万仞山。风毛霜皮露根节,神物封植百千年。大厦须材充梁栋,云里帝城开双凤。汉家郎将下天来,西南山邑任土贡。千章材,万两金,甲卒趋匠士,寻斧入深林。堑山湮谷齐施手,万牛脔胁万瓮酒。骨碎筋折魂不归,爷娘哭儿夫别妇。朝发南陵渡,暮宿景阳关。十株横流九株折,健儿长歌蜀道难。奉使三年苦无状,甲兵未厌土木向。桃李狄门老柬之,椒兰屈子悲斯尚。古来惟称楚有材,故国世臣安在哉?胡不上书崇节俭,坐啸空山独自哀!

清光绪十四年(1888年),清政府正在筹建北洋海军,进行海防建设。骄奢无道的慈禧太后竟大肆挥霍国财民力,挪用巨额海军军费扩建颐和园,在西南山区采购楠木，建始等地清江沿岸居民成为直接受害者。

清江沿岸的楠木被采伐后，需扎排顺清江流送至宜都。但是，清江滩多水急，"十株横流九株折"。于是，清廷以"盐水乌飞饶商贾"为名，招募近千名壮士在清江打滩，疏浚河道，以利楠木的顺利流送。张仲羲在写《竹叶楠》一诗的同时，还写了一首《打滩匠》，描写打滩工匠的悲惨遭遇：

打滩匠，魂在清江江滩上。萤火青磷夜不归，晓霜残月照悲啼。滩声疾，啼声苦，谁实倡议凿盘石，盐水乌飞饶商贾。招募壮士百千群，崖炊沙宿清江浦。新鬼啾啾旧鬼呼，哀猿长啸巴山雨。巫咸上诉，绝天尺五。江之人兮生何辜，死不得葬一抔土。去年打滩滩水深，水深没踝皮肉皱。今年打滩滩石裂，炮火雷飞江流血。粉身碎骨不得收，千锤万击沙沉铁。舟亦不可行，滩亦不可开。剪纸频招江上魂，随风且上望乡台。

张仲羲当时服阙在梓，耳闻目睹，以《竹叶楠》和《打滩匠》描述了鄂西山民采伐运送楠木、打滩疏浚清江河道的悲惨景况，鞭挞了慈禧的骄奢无度。同时，张仲羲在《恭拟慈禧皇太后万寿宝鉴乐府九章》中，上策慈禧，提出收复台湾、将八旗子弟下放耕种以减轻俸禄、赏罚分明、学习西方技术等合理建议，体现了一个清廷儒将的爱国情怀。但是，昏庸的慈禧对外无御敌之术；对内陷害忠良、排除异己，导致贤才远离、不求闻达。张仲羲在其诗组《中秋无月狂风大作》中，无可奈何地写道：

碧海沉沉天路遥，狂飚卷地马鸣啸。

坏云气压千峰上，准备荒原野火烧。

这个忠心耿耿的"暮年烈士"，终于没有能够"唤醒唐家天子梦"。

张仲羲的笔下，不仅仅是千军万马、铁骑银枪，也有诸如《采莲曲》《牛女怨吊王烈妇部氏》《新婚别》等描写男欢女爱、别恨绵绵的情诗。举其五古《采莲曲》：

荡舟入江南，采莲望江北。

江北莲叶青，江南莲花白。

>花白似郎面，叶青似妾衣。
>
>郎情与妾意，梦魂寄相思。
>
>相思不相见，空抱烟水憾。
>
>秋风卷暮云，江水澄匹练。
>
>楚王宫殿高，歌管声嗷嘈。
>
>吴越多妓女，夜宴翻秋涛。
>
>涛声满江水，江清谁见底？
>
>相忆盟寸心，相望隔千里。
>
>千里夕阳斜，斜阳照妾家。
>
>门前镜湖水，年年采莲花。
>
>七月莲花开，八月莲花落。
>
>九月江水寒，十月江水涸。
>
>江水似妾心，非浅亦非深。
>
>风波渺无际，苍茫何处寻？
>
>江南望江北，愁煞采莲人！

如果这首诗是写痴男怨女相思之苦，那么他的另一首五律则将一个少女与心中郎君见面之前刻意打扮的情景写得入木三分：

>画眉笔扫翠双弯，妆罢低声问小鬟。
>
>珍重郎君新式款，先安玉镜对秋山。

唐代诗人朱庆余《闺意》诗有"妆罢低声问夫婿，画眉深浅入时无"之句，朱诗是直问夫婿，而张诗却问小鬟，对玉镜，以给夫婿意外之惊喜。

张仲羲晚年在家乡设馆授徒，广泛接触农人，亲自体验农家生活，在《清江渡》《薅草歌三章》《续薅草歌二章》中细致描写了当地农家风情，《薅草歌》还融入了民间歌谣的成分：

>晨鸡喔喔晓乌啼，东风吹云走向西。红霞满天烧不尽，今日天晴，昨日天雨，只恐明日又淋漓。草不能死草蔓滋，娇儿无食哭声悲。
>
>我家田瘦人家肥，人家田高我家低。高低肥瘦不可恃，天工还要

人工宜。春日深耕，夏日苗长，有草不薅自荒嬉。县吏催租到，蒸黍还割鸡。家无石氤储，我何以应之。

荷锄高歌下田来，老少男妇两翼开。人工多多善，橐鼓面面催，我战不克怒如雷。主人在前笑语陪：饥可摘甜桃，渴莫吃酸梅。午餐既饱晚饭炊，凡我薅草人，共酬酒一杯。

朝薅园，暮薅田，同我妇子白云边。晴薅粱，雨薅稻，少愁田多长愁少。田少人多养不足，田多人少薅不了。咄嗟哉！月未落，天未晓，教人打杀山头鸟。自家草犹难薅清，忽替人家唤薅草。

苗而不秀秀不实，只为草深将苗没。我家下田日三竿，人家上山头戴月。苗日益荒，草日益长。我不勤薅五七月，九月草上定有霜。高堂垂老胡寿康，农家儿女早思量。

清末，张仲羲自摩峰移居车营，设馆授徒，其门生遍及恩施、建始、巴东、鹤峰四县，正如其《清江书屋对联》写的那样："桃李满公门，西沙渠、东峡谷，南容美，北景阳，指秋水以为期，瓣香敬祝诗夫子；芝兰集迩室，兄刺史、弟守戎、婿冠军，侄府学，望南山而献寿，曳杖前趋老谪仙。"晚清至民国时期，建始官店、景阳一带形成了一个文化群体，与他同时的有革寅谷、雷心顺、罗衡甫、蔡楚堂等，他们常在一起吟诗作对，相互唱合，使建始清江南岸文士荟萃，学风大振。

《渔父吟》一诗是张仲羲诗稿《清江渔父吟》的主题曲，反映诗人最后的归宿：

渔父吟，乃在俍阳之南渚，清江之西浔。江水直下三千丈，白沙青壁鉴我心。朝泛彩云去，暮宿芦花阴。燃楚竹，烹紫鳞，炊烟断续翠微里，山随帆转抱江深。年年岁岁枕江浒，绿蓑青笠老逸民。不愿献龙虎豹犬归新主，不愿下燕赵齐楚之逋臣。渭水何功表东海，淮阴何罪乃就吕后擒。深山龙蛇归大泽，子陵千载有富春。我生幸无浮名累，呼童载酒细细斟。钓明月，垂经纶，日月乾坤任浮沉。渔父吟，身无短剑击筑之悲壮，清江一曲谁赏音？

"七秀才"是七位"叙"字辈人，均为张元善、张元皷之孙。张叙鼎，贡生，清末任职于陕西榆林铁道局；张叙甲，武贡生，官至武德左骑尉（五品衔）；张叙选，院试第一；张叙魁入府庠；张叙宾、张叙璞入邑庠；只有张叙祯尚未成年时，科举制度被废除，乃由县学直接进入京师学堂，其诗书画作品均自署"摩峰渔人——乔松"，惜无作品幸存。此外，张仲羲门下之婿罗会昶为县试冠军，院试第一，侄婿李光汉为府试冠军，内侄吴江、吴潮亦为院试第一。

摩峰张氏家族兴盛于清代，至民国时期，渐次衰落，但耕读为本、书香世家的风范犹存。民国三十八年（1949年）春，张家老屋场14岁的张昇如竟与父亲的诗友和诗二首，其一云："三生有幸喜逢斯，铁划银钩四海知。自昔怀君千里远，如今教我十年迟。腾蛟起凤群惊耳，绣虎雕龙共展眉。盖世兵书犹未晚，休将白发唱黄鸡。"其诗一度在官店、景阳、花坪等地中心小学传诵。

摩峰张氏家族的文化现象具有如下特点：一是在一个穷乡僻壤的小村庄一个屋场，一个家族数十年中先后出现14名文人学士，这在鄂西深山地区是少有的；二是一家人竟有6名举贡生员登上州府志乘，也是少有的；三是这样一个书香门第、文苑世家，在整个民国时期却没有出一名军政要员，亦是少有的。"七秀才"除张叙鼎、张叙甲为官外，其余五秀才终身从教。何也？一是他们遵循"从耕从教不从政"的祖训；二是从张仲羲的《清江渔父吟》中可以看出，张氏家族中仕于清廷者的宦海浮沉、官场凄冷际遇给予了后人太多的教训。

## 村落红色记忆

晚清至民国时期，摩峰村除文人荟萃外，也是土地革命时期湘鄂西革命根据地的组成部分。1933年3月，摩峰建立游击分队。同月，中共湘鄂西中央分局书记、湘鄂西革命军事委员会领导人夏曦及其部属花顺涛等，在摩峰村张家老屋场召开群众大会，并在这里成立摩峰区苏维埃政府，下辖摩峰、青龙、硝洞3个乡苏维埃政府。不久，区苏维埃政府机关迁至竹溪沟村岩口子。区苏维埃政府成立后，组织开展土地革命，建立地方武装，保卫苏区。

建始县第四区苏维埃政府驻地——张家老屋场(傅一中提供)

# 盐道古镇
## ——田家坝村

## 村落概况

田家坝村位于建始县花坪镇东部,距镇人民政府驻地约 15 千米,东接巴东县清太坪镇,南与岔口槽村、天鹅村接壤,西与沈家荒村毗邻,北与黑溪坝村相连。村民委员会驻麻坑居民点。全村总面积 13.09 平方千米,其中林地面积

949.7公顷，耕地面积203.46公顷。境内最高点为李家坡，海拔约1175米；最低点为张阴坡，海拔约400米。年平均气温15℃，年均降水量1400毫米，无霜期220天。截至2019年末有居民587户、1843人。主要姓氏有田姓、谭姓，汉族、土家族、苗族、回族、畲族等混居。辖16个村民小组，有17个居民点，民居多呈散状分布。花（坪）田（家坝）公路横穿村境。2013年，田家坝村被列入第二批"中国传统村落"名录，2018年被命名为湖北省"省级生态村"。村级经济以农业为主导产业，种植业以玉米、土豆为主，养殖业以生猪、山羊、鸡为主，经济作物及特产为魔芋、贝母、白肋烟、猕猴桃。居民经济收入来源以务农和外出务工为主，境内有村级公路通达各组。

阴窝洞位于田家坝村南部，清雍正年间"改土归流"时，田姓先民从巴东迁徙至建始田家坝定居，分支族人来此地落业，见此地有一山洞，隐藏于树木之中，因植被葱郁，终年难见阳光，故称该洞为"阴窝洞"，后以洞名为地名。下坝位于田家坝村南部，清雍正年间"改土归流"时，谭氏先民从松滋迁徙至建始，分支族人来此地定居。因该地地势平坦，位于田家坝的下方，故名下坝。麻坑位于田家坝村中部，是村民委员会驻地，清雍正年间"改土归流"时，谭氏先民从松滋迁徙至建始，分支族人来此地落业。因该地地势低洼，是一块大凹地，且盛产苎麻，故谭姓先民取地名为"麻坑"。后冲湾位于田家坝村西部，曾有传统建筑群存在，现只有一栋木房子即田仕新老屋存在，但仍可见大石砌成的院坝、院墙和堡坎遗迹。老屋右前方有两座清代古墓，一座墓的墓主是田天仕，生于清乾隆年间，清道光四年（1824年）去世，清光绪四年（1878年）立碑。另一座墓的墓主谭老孺人，生于清乾隆年间，清道光二十一年（1841年）去世，清光绪四年（1878年）立碑。李家坡位于田家坝村西部，清康熙年间，李姓先民自湖南宝庆迁徙至建始，分支族人来此地挽草为界，落业定居，为该坡最早居民，故名。白须白位于田家坝村北部，1953年曾在这里设白须乡。白须白为方言音译，应是"白溪不里"或者"白溪不"的音译产生偏差所致，是"救兵粮"的意思，说明此地在未开垦以前，救兵粮特别多。新中国成立前这里曾有一个庄园，为大地主谭华锋所有。土改时，该庄园分配给贫苦百姓居住，现只剩一栋木房子，庄园天井坝遗址尚存，全用石材铺就，长宽各 12 米。木房子左侧还有一面封火墙残墙存在，基石方正，最大两块基石长 2.7 米、厚 0.45 米、宽 0.65 米。庄园遗址左前方有一座清代古墓，墓主是陈广才，生于清乾隆三十八年（1773 年），清嘉庆二十三年（1818 年）去世。大槽位于田家坝村东部，清雍正年间"改土归流"，田姓先民从巴东迁徙至田家坝，分支族人来此地定居。该地为山间槽地，很宽阔，故名大槽。上坝位于田家坝村东部，是田见龙故居所在地，故居现已拆毁，屋基可见。清雍正年间"改土归流"，谭姓先民从松滋迁徙到田家坝，分支族人来此地落业，因该坝地势比下坝略高，故得名上坝。穗草坝位于田家坝村东北部，地势平坦，面积较大，早年无人居住，坝中遍生穗草，故得名。青冈岭位于田家坝村东部，清雍正年间"改土归流"，田姓先民从巴东迁徙到田家坝，分支族人来此山岭发展，因山岭上的树木多为青冈树，故取名"青冈岭"。磨盘山位于田家坝村东北部，清雍正年间"改土归流"，谭姓先民从松滋迁徙到建始，分支族人来此地落业，因此处有一山，形似磨盘，故取地名为"磨盘山"。卡子位于田家坝村东部，该地位于两山之间，只有一条独路可通行，像一道关卡。清嘉庆年间，白莲教为抗击清廷而在这里用片石砌成一座上圆下方的关门，故名卡子。张阴坡位于田家坝村东部，清乾隆年间，张姓先民为避灾荒，自荆州迁徙到建始，分支族人来此坡落业，因此坡位于山北，日照时间短，属阴坡，故得名。三岔坪位于田家坝村东南部，清雍正年间"改土归流"，田姓先民从巴东迁徙到田家坝，分支族人来此地落业，因该地位于三岔路口，且地势平坦，故得名为"三岔坪"。大包位于田家坝村东部，因居民点位于一个大山包顶部的平地上，故得名。稻子槽位于田家坝村南部，此山槽中有较多的水田，种植水稻，故得名。田家坝位于田家坝村中部，清雍正年间"改土归流"，废除土司制度，田氏家族涉过野三河，从巴东迁徙到该地，见坪坝被山水环抱，又有"川盐入湘"通道经过，就在此地落业，在盐道两旁摆摊设点，卖药材，售生漆，销篾货（竹器），日渐发迹。田氏八大有钱人家兴土木，建楼房，形成约一里路长的街道，每逢集日，到坝上赶集的人络绎不绝，遂得名田家坝。清代中后期修建的田家坝老街为建始县不可移动文物。

关于村落沿革，文献记载早至明朝，更古老的历史有待进一步发掘。明洪武四年（1371年），属湖广都司施州卫建始县辖；明洪武二十三年（1390年），属四川夔州府建始县辖；明正德七年（1512年），属长寿里辖；清康熙二十年（1681年），属坊廓里辖；清雍正年间，田家坝属四川夔州府建始县坊廓里辖；清乾隆元年（1736年），属湖北施南府建始县长寿里四甲辖；清同治六年（1867年），属施南府建始县长寿里四甲辖。

民国七年（1918年），属"良"字区辖；民国十九年（1930年），全县设5区、98个联保，属第四区田家联保辖；民国二十四年（1935年），属花坪区田家联保辖；民国三十年（1941年）十月二十二日，建始县政府下发"关于实施新县制"的训令，对乡的管辖划分和乡的机构建制作出规定：全县22联保各就原有地名统改称为乡，其中花果坪区辖花坪、唐坪、周塘、田家、红岩、石垭、双土、官店、珠耳9乡。是年十一月至十二月，各乡根据县政府的训令，将联保改为乡。花坪区根据具体情况，将周塘乡（今周村）改为景阳乡，将田家乡改为石马乡，辖区未变。其中石马乡辖田家坝、石马坝、三岔沟、大槽、后塘、岔口槽、周塘（石马周塘）等地。

新中国成立后，1950年，废除保甲制，田家坝村属花坪区辖，为田家乡田家坝村；1953年8月，将地名区名改为数字序列名称，属第八区田家乡辖；1956年8月，全县设7区1镇，同时恢复地名区名，属花坪区辖；1958年，人民公社化，属花坪公社田家管理区辖，更名为国建大队；1961年，恢复区建制，属花坪区田家公社辖；1975年，撤区并社，属唐坪公社田家管理区辖，仍为国建大队；1982年，规范政区名称，更名为田家坝大队；1984年，设区建乡，属花坪区田家坝乡辖，更名为田家坝村；1996年，撤区建乡（镇），属花坪乡田家坝管理区辖；2011年，调整建制，属花坪镇辖。

花坪镇田家坝村有史可查的建村历史约300年。清雍正年间"改土归流"，废除土司制度。原居住于巴东境内的一部分田氏家族，携家带口，涉过建始、巴东两县的界河野三河，来到建始境内，寻到一个狭长的坪坝，坝中有小河，坝边山上森林茂密，一条大道从坝中穿过。田氏族人见这里山环水绕、人烟稀少，山林、荒田可以任由自己圈占，是定居的好地方，且坝中有一条通往巴东的"巴盐古道"，田氏族人发现了此地隐藏的商机，于是就在这里落业，这里从此被人称为"田家坝"。

田氏人家在山上砍来竹木，在古盐道两旁搭起茅棚，形成短短的对合街道。和迁徙到建始的其他家族不同，田氏家族除开荒种地，饲养猪、牛、羊、鸡、鸭外，还开客栈，开骡马店，招待来往客商，渐渐地，这里就形成了一个小集镇。不久，田氏家族发现，光靠开客栈，是不能发大财的。他们利用古盐道这一特殊的交通优势和周边盛产生漆和各种药材，且采集药材的人多，木

白须白古建筑的窗花（毛昌恒 摄）

匠、篾匠等手工匠人也多，尤其是篾货远近闻名的特点，在开客栈、骡马店的同时，又做起了其他生意。他们向采药人收购药材，集中起来，卖给外地药材经销商；将当地的生漆集中收购，再卖给外地客商；组织篾货（竹器），集中销往外地。同时，从外地客商手中大量购进当地所需生活用品，卖给当地人。他们的生意越来越红火，家族也越来越兴旺，田姓家族日渐发迹，其中有八家最富裕，被称为田氏八大户。

率先富起来的田氏八大户相约，推倒了原来的茅棚，大兴土木，在古盐道两旁建起了一至三层的木楼，开客栈，建商铺，形成了约一里路长的街道。根据当地习俗，山里集镇分为热场、冷场，热场就是赶集做买卖的日子。每逢热场，附近十里八乡的居民都到这里赶集，卖生漆、桐油、药材、篾货、五谷杂粮等，然后买回自己需要的生产生活用品。一里路长的小街上，商贾云集，人头攒动，使这条小街成了建始、巴东两地重要的药材、生漆、竹器集散地。即使在冷场，

小街上也很热闹，旅馆、骡马店住着来自外地的大客商和小商小贩，澡堂子、戏园子、歌妓房、鸦片馆，人进人出，三教九流的都有。清道光版的《施南府志》记载，建始县共有十五个集市，而田家坝就是建始南乡七大集市之一。民国时期，因军阀混战、匪患迭起，田家坝开始衰落，但每逢腊月时节仍有本村或周边居民赶集交易。

## 村庄的物质文化

田家坝村历史悠久，村中历史遗存有古墓、石水缸和榨油作坊等。

青龙山田光德生墓，是田见龙为其父田光德所立。生墓位于青冈岭下卡子旁的青龙山上。

沿着青龙山西南侧这块石碑旁边100多米的青石台阶就可以上青龙山山顶。山顶是一块数十平方米的平地，空墓即建在平地上。墓后即南侧崖下是一道用片石砌成的古关门。关门上圆下方，砌得很规整、很坚固，俗称"卡子"，据说这卡子是当年白莲教与清军对抗时修建的。卡子的一边是青龙山的悬崖绝壁，一边是陡峭的崇山峻岭，真有一夫当关、万夫莫开之险。墓东侧、北侧为悬崖峭壁，悬崖下为野三河下游，称"张阴坡河"。空墓碑长6米，分3组，中间一组为墓主名讳和孝名，两侧为碑文。碑上字体苍劲有力，深浅浮雕以及透雕等雕刻手法变化多样，所雕刻的动、植物形态惟妙惟肖。2018年，有关部门组织村民重新将碑石镶嵌复原，并整修上山的石阶，在山下立简介碑一块。

田家坝盛产桐油和油菜，村内原有不少榨油坊，有压榨，有响榨。下坝（十六组）赵子义的老屋吊脚楼内仍保留着清朝所修的压榨坊。榨油设备基本保存完好，如果能及时抢救，将为研究传统榨油工艺、农耕文化提供重要的实物史料。

村内现存多口石水缸，体积庞大，为整块花岗石打造而成，它记录了村民的生活信息，见证了村落发展演变的历史。

修建于民国时期的青龙山空墓墓碑（傅一中 摄）

田家坝村现存的传统民居主要为清朝传统风貌建筑和部分吊脚楼建筑。古街采用清朝传统民居徽派建筑风格，青瓦房屋错落有致，封火墙翘角耸立墙头。青石板大路蜿蜒前行，左右以石板相隔，两旁房屋对立，古香古色。古街房屋沿道路分布，走向为两横一纵，与村庄道路连贯相通。街巷道路长约200米，宽度为2.5～3.5米，村内街巷整体宽度宜人。经过历史岁月的积淀，现在的田家坝老街，还保存有传统木质建筑，东街现存老房4栋，每栋三开间，开间4.6米，进深8.2米，由堂屋、左右耳房、正厅构成，梁架为穿斗式木结构；西街现存老房3栋，开间、进深、格局与东街相同。现存老街总长66米，宽21.3米，占地面积1405.8平方米。在栋栋新楼的映衬下，徽派风格的粉墙黛瓦，高挑的封火墙，封火墙上的沧桑漆画，剥落的墙土，年久发黑的板壁，斑驳的吊楼支柱，雕刻在神龛上的隐约可见的"居家处世忍为本，治业修身勤为先"的楹联，以及本地特色的杆栏式木屋，都隐约透出当年的繁华，记载着田家坝老街的沧桑岁月。

下坝的吊脚楼(傅一中 摄)

传统建筑群遗迹(龚志祥 摄)

谭华锋的木房子（毛昌恒 摄）

老街局部（毛昌恒 摄）

# 村庄的非物质文化

由于汉族和土家族文化长期融合，田家坝村有着丰富的非物质文化遗产和古朴的民风民俗。

一是传统表演。主要有闹灵歌和皮影戏。闹灵歌为"丧事喜办"的习俗，老人亡故后，亲朋好友赶到孝家灵堂表演闹灵歌，又叫跳撒尔嗬，以歌舞来吊唁去世的老人。其内容涉及土家人生产、生活的方方面面，多以伦理道德、孝悌操守、醒人劝世内容为主。以鼓、堂锣、马锣、钹伴乐，形式或高桩（站着跳）或矮桩（蹲着跳），人数或2人或3人。这种丧事喜办的形式，体现了土家人笑对生死的人生观。田家坝村的皮影戏由清代中叶传入，已有200余年历史，其特色为唱腔丰富、极具民歌风情。皮影戏与土家民歌合流，民歌元素融入皮影戏的音乐与唱腔中，平调、花调、悲调各调俱全，音韵缭绕，优美动听。它的传承与发展，既保留了初入境时的基础风格，也留下了土家人的民族风情。皮影戏不仅传承、丰富了土家族艺术，同时也对民间艺术的复兴，具有积极的推动作用。

二是传统器乐。传统器乐主要流行的是南乡锣鼓。田家坝村锣鼓有：鼓、大锣、钹、马锣。锣鼓牌子近50个，唢呐调子近20个。主要用于送匾、送葬、修房上梁等红白喜事。取亲的锣鼓为两支唢呐两面锣，称为"二台杆"，俗称"双吹双打"。如遇红事，还在房屋的吞口处设"座吹"迎客，请两名吹奏唢呐的乐师，每到一班客人，乐师吹奏一曲唢呐。田家坝村锣鼓曾多次参加比赛活动。

三是节庆活动。节庆活动主要有烧火龙、赶毛狗等。传说龙能行云布雨、消灾降福，每逢春节，村民即用竹篾扎成龙，再用白硝、硫黄、木炭等制成火药或烟花燃放，模仿火龙下凡，巡游村寨，以舞龙的方式来祈求平安和丰收。正月十五赶毛狗是清江流域土家族特有的节日习俗，是土家人除害驱邪、祈求平安的一种活动。每逢正月十五，村民用竹子和玉米杆搭建"毛狗棚"，一般于傍晚点燃毛狗棚，待火势变大后，竹子燃烧发出噼里啪啦的声响，村民围着火堆叫喊"赶毛狗"。

四是民俗活动。民俗活动主要有哭嫁、轿舞。土家姑娘婚嫁期间都要哭嫁，多则十几天，短则三五天，均在晚上哭，出嫁前夜哭得最为隆重。哭嫁时，同村姑娘及至亲女性都前来陪哭，以示惜别难舍之情。凡村里姑娘出嫁都用制作精美的轿子抬送，一路敲锣打鼓、吹奏唢呐，抬轿的小伙为了活跃气氛、挑逗姑娘，常常变换着各种抬轿姿势，以示喜庆快乐。同时，田家坝村村民也保留和传承了蕴含着浓郁的农耕文化元素的农耕习俗。如春整栽秧酒，吃"栽秧砣"；夏整薅草酒，打薅草锣鼓；修房开工祭鲁班，屋架立起后接挡水客；农历三月初三杀雄鸡祭祀青苗土地，求庄稼长势旺；农历四月初八"嫁毛虫"，在红纸条上书"佛生四月八，毛虫今日嫁，嫁到山中去，永世不还家"，据说可减轻虫害。农历四月十八牛王节这天，杀鸡备酒，点香燃烛烧纸钱，在牛栏门前祭牛王菩萨，祈愿它保佑耕牛健壮、无病无灾，以此希望农耕顺利。有些人性化的气象农谚，生动形象，与一些民俗有关。如："你不给我磨刀水，我不让你龙晒衣"。农历五月十三是"磨刀节"，磨刀节要下雨；六月初六晒龙袍，要天晴。意思是五月十三日天晴，六月初六这天就会下雨。再如"有瘴无瘴，八月十三"，这句农谚的意思是：农历八月十三如果下雨，就会连续十八天阴雨连绵，瘴气笼罩，叫作"十八瘴天"。十月十六则是"寒婆婆打柴"，意思是：农历十月十六如果下雨，寒婆婆打不到柴，一个冬天就多晴天；如果十月十六天晴，寒婆婆打够了柴，冬天就寒冷，因为寒婆婆有柴过冬。

五是手工技能。手工技能主要是织锦和藤竹工艺。土家姑娘用古老的木腰机，以棉纱为经，以五彩丝线、棉线、毛线为纬，完全用手工织成手工艺术品。土家族的藤竹编织工艺大致分为藤编、草编、竹编三大类。藤编制品主要有藤箱、藤椅、藤席等；草编制品以稻草编的草鞋为主，也有人用露水草编坐垫；竹编制品有竹篓、竹篮、竹箕。另外，大人小孩都善编棕叶扇，棕叶扇俗称"巴扇"。

# 江畔乡居
## ——粟谷坝村

## 村落概况

粟谷坝村位于景阳镇东部,距镇政府驻地约21千米,东接青龙河村,南接官店镇竹溪沟村、百草池村,西接硝洞坪村、谢家湾村,北接栗子坪村、花坪镇周塘村。全村共14个村民小组,地形呈横着的"Y"形。截至2019末,有村民 372 户，共 1390 人。辖区面积 8.09 平方千米，其中耕地面积 124 公顷，山林面积 450 公顷。

粟谷坝村地处亚热带，属亚热带季风性湿润气候区，年均气温 20 摄氏度，常年降雨量为 1260 毫米，无霜期 300 天，种植业以玉米、土豆、红薯、大豆、油菜、烟叶为主，养殖业以生猪、羊、鸡为主。整个村的地形地貌可用"两山夹一坝"或"两山夹一槽"来概括，与景阳镇镇政府驻辖地清江河谷类似，有"小景阳"之美称。

粟谷坝村历史沿革变化较大。清乾隆初年，村隶属湖北布政司施南府建始县长寿里四甲。清同治五年(1866 年)，仍隶属建始县长寿里四甲。民国七年(1918 年)，隶属建始县"信"字区景阳乡。民国二十五年（1936 年），隶属建始县三区署双土地联保。民国三十一年（1942 年），实行新县制，隶属花坪区双土地乡管辖。1950 年 5 月，废除保甲制，隶属官店区管辖，命名粟谷坝村。1958 年，人民公社化后，属官店人民公社管辖，命名为星光大队。大队下辖阵坡（一队）、坑子里（二队）、关家垭（三队）、坨坝里（四队）、杨家街（五队）、王家坪（六队）、水田坪（七队）。鲍坪在这一时期是一个独立的单位，名鲍坪大队，下辖鲍坪、杨柳坦、小溪、车湾 4 个生产小队。1961 年 5 月，恢复区建制，鲍坪并入星光大队，隶属景阳区硝洞公社管辖，下辖 11 个生产小队。1975 年 2 月，撤区并社，隶属硝洞公社管辖。1982 年，规范政区名称，更名为粟谷坝大队。1984 年 6 月，设区建乡，隶属景阳区硝洞乡管辖，原官店先锋村（百草）大队下辖的张家湾二岔口十二、十三、十四生产小队规划到粟谷坝，更名为粟谷坝村。1996 年，撤区建乡，属于景阳乡硝洞管理区管辖。1997 年，调整建制，隶属景阳镇管辖至今。

村庄姓氏复杂，近代移民与本地原住民交错居住，和睦相处，亲如一家。村庄以刘、陈两大姓人口较多，另有关、王、姜、张、龚、谭、曾、周、雷、塞等姓氏。谭姓是土家族的大姓，起源于古代巴人姓氏，巴人曋氏在接受汉文化过程中，演化为覃姓、谭姓。清乾隆二十三年（1758 年）前后，湖北松滋县上三都的塞如金因江水泛滥携儿女流浪至建始景阳粟谷坝，挽草为记，垦荒落业。村里也流传着另外一个说法：粟谷坝村的先民早期来到此地，见土地肥沃，风光秀美，便挽草为界，落户安家，先民们并没有严格地区分彼此。相对来说，原住民居山上多一些，而外来移民居谷地多一些。一组以曾姓、陈姓为主；二组以刘姓为主；三组大多是关姓人家；四组杂姓，刘姓、陈姓稍多；五组、六组为该村集市，多姓并存；七组刘姓为主；八组王姓、雷姓较多；九组姓氏多样；十组刘姓为主；十一组姓氏多样；十二组多张姓人家；十三组蹇姓人家居多；十四组刘、龚、黄、姜等多姓共存。学者龚义龙认为此村部分村民为明末李自成农民起义军的后裔，先祖来自陕西。还有一种说法也有可能，那就是该村的部分村民是三国时刘备入川时留守此地的驻军后裔。当年刘备入川，建始也是必经之地，后天下形成三足鼎立之势，蜀吴边界拉锯之地涉及建始，故清建始县志有关于武侯诸葛的地名考订，现建始县茅田还有八阵图地名存在，印证了刘备大军曾经经过建始县域。本村也确实有刘、关、张三姓村民居住，且历史久远。刘、关、张三姓在村庄的居住空间格局也很有意思，刘姓居中，处于粟谷坝谷地中心位置，关姓居住在临清江的垭口，名关家垭，粟谷坝河从此陡然下降流向清江，而张姓居住在粟谷坝河上游。从军事地理分析，这种空间布局属于一字长蛇阵，关姓属于前锋所指，张姓属于殿后护卫。但刘姓人家自述其先祖于清乾隆初年从江西迁至景阳河，又辗转迁徙到此定居。

## 粟谷坝村与粟谷坝河

粟谷坝村是人与自然抗争和合作的杰作，具有人文意义。遥远的蛮荒时代本无地名，据传，关、杨、刘、萧等四姓先祖，从遥远他乡迁徙至此，发现这里是一块风水宝地，于是挽草为记，扎下根来。粟谷坝村东起大垭门、小垭门，西至牛鼻子洞、老鸡公坡，烧山焚草，垦荒辟地，漫山遍野种下谷子，得以年丰岁稔。粟谷坝，故名思义就是种粟谷的坝子，"粟谷"是当地对"小米"的称呼。粟谷坝便以其标志性植物得名。粟谷坝四周悬崖峭壁，乃深山峡谷盆地。东西两面，山大坡陡。河畔地势平坦狭长，面积较大。一条碧绿的河水，呈南北走向，穿流其间，这就是粟谷坝河——硝洞坪的母亲河。

粟谷坝河系两条狭长的深谷溪流在中游呈"V"形交汇而成，陡涨陡落，属季节性二级河流，是清江中游景阳河段的主要支流。河上游峡谷幽深，山高崖陡坡大，层峦叠翠，林木荫郁，秀美险绝，实乃罕见的地质奇观。河流有两处发源地，一条源于官店镇照京坪，容纳箱子峡、海沟溪流；一条源于官店镇战场坝，容纳灯笼山曾家河、打谷岭溪流。水流蜿蜒曲折，极像蟒蛇出山，肆无忌惮地游弋于深山峡谷之中。河道全长约39.3千米，平均宽度约35米。流域面积约40平方千米，最高海拔约1640米，承雨面积约136平方千米，总落差约1395米。流域雨量充沛，河水可灌溉农田千余亩，可满足人畜饮用水之需。

粟谷坝河风景奇峻险秀，世所罕见，是旅游探险的好去处。粟谷坝河刚柔兼济，随季节而变化。每逢夏季，暴雨倾盆，铺天盖地席卷于悬崖峭壁山谷间。滚滚洪流，汹涌澎湃，漩涡湍急，浊浪排空，浑浊的山洪裹挟着泥沙、枯枝败叶，急流飞转，掀起滔天狂澜，犹如千军万马从天际呼啸涌动，更像被缚的蟒蛇蛟龙桀骜不驯，在峡谷内拼命翻滚挣扎，咆哮奔腾，气势若翻江倒海，场面惊心动魄。暴雨过后或少雨的季节，粟谷坝河畔杨柳依依，河水缓流平淌，河沙绵绵，水波荡漾，清澈见底，卵石五彩缤纷，水草摇曳，鱼虾嬉戏，螃蟹悠行其间。

粟谷坝河的流向极富个性，极有情趣。"V"形地带位于灯笼山脉脚下。两条溪流的东岸是鹿沟坡、西晒坡两山相夹而成的峡谷；西岸是打谷岭、长阳头两山相夹而成的峡谷。两条峡流从崎岖陡峭的深山荒谷中，一路咆哮奔腾，在此便进入了一个"V"形的宽谷，交汇成一条二水合一的大河，故人称此地为二岔口，河床地势高低起伏、蜿蜒曲折。河流从岔口交汇处合股，一路向东，在鲁家桥下不远处分流。一部分流入一个天然的泄洪消水溶洞，大大减轻了中下游王家坪、舟子嘴、坨坝里等地遭受洪水泛滥的灾害。大部分河水流向滚水坝，翻滚出一个"大筋斗"，跌入"猛虎下山"脚下的水田坪，缓缓穿过张家湾，流淌一段后，在岩鲍湾接纳汇聚小溪支流，浩浩荡荡，流经粟谷坝正坪，泻进岩湾和坨里相夹的峡门口，以雷霆万钧之势冲向深不可测，长5里许，宽不及一丈，人称"一线天"的小寨峡、营坡峡和大寨绝壁峡谷，又横冲直撞折而向北，奔流至大寨鹰嘴岩下的龙湾绝壁裂缝口，急流潮涌，以摧枯拉朽之势倾洒四溅，形成高约120米的挂壁飞瀑，瀑声如雷，凌空飞泻，水珠溅洒百米开外。瀑布冲击形成的气浪，宛若烟云弥漫，一浪推一浪，跌落龙潭，融入碧水清江。夕照辉映，道道彩虹当空架起，风光如画，疑似仙境，何等壮观秀丽。声名远播的龙湾瀑布就缘于此。清江库区蓄水后，昔日的龙湾瀑布之壮观美景就看不到了，但龙湾悬崖宛如翩翩蝴蝶，依然呈现眼前，故龙湾多被世人称作蝴蝶崖。龙湾瀑布，蝶舞清江，成为游客们向往的绝妙好去处。

粟谷坝村作为世外桃源之地，人来人往，不知经历了多少次人口更替，远可追溯至古代巴人。村庄热闹繁华地带为四、五、六组毗邻的杨家街，但空留地名，久负盛名的杨姓人家不知流落到了何处。建始县官店镇欧阳人家的家谱记载，其先辈曾在此长期居住过，后搬迁至官店，成为旺族，现主要分布在官店老街、侯家垭村、石斗坪村、竹元坝村、梨子桥村等地，杨家街也许是以欧阳姓氏命名的街，应称为阳家街，而误记为杨家街。虽然村庄有杨姓村民居住，但不在杨家街范围，均分布在一、二、三、五、十组。

粟谷坝河上游有个滚水坝，于1958年修建，前后维修了三次，用于灌溉两岸农田。曾有功德碑记载建坝过程、捐款人员等，滚水坝属于当时村庄比较大的水利工程，后功德碑被水冲毁。河上游有个叫水田坪的地方，坝子相对开阔，地形平坦，水源好，曾广种水稻，故得名。而河的下游无法形成水田，容易被洪水淹没，只适合季节性种植，历史上由移民带来的粟谷也许主要种在河的下游坝子。滚水坝建成后，人们开沟挖渠，引水至中下游平坝，从此旱地变成水田，种上了水稻。

## 军事遗址

军事要塞土司大寨又名大寨山，是一座拔地而起的独崖山峰，位于景阳镇东部，距镇政府驻地约23千米，距村委会驻地约3千米，山寨面积约1平方千米，海拔917.7米。大寨山东边、北边均是悬崖，西边是绝壁和河流，南边是城门城墙。

山寨整体呈三角形，南窄北宽，南北走向，长1.5千米，宽0.8千米，寨山突兀于营坡、阵坡之上，三面绝壁。寨顶呈斜坡，东高西低，地势险要。东北面仅"夜马路"约30米地带呈70度斜坡，余为刀砍斧削般的绝壁。东北面崖下，是阵坡。南部崖下，是营坡。西面，粟谷坝河流经寨下"一线天"幽深峡谷，从北面绝壁石缝中呈瀑布状飞流直泻数百米跌至龙湾。山寨与蝴蝶崖龙湾瀑布、龙湾大洞共存于一山，风景十分险绝秀丽。

建始县域清江南岸之地，曾为容美土司管辖之地。1707年田旻如袭职后，一直在此地域征收银两，土司大寨得名与容美土司在此驻军防守有关。大寨山崖陡峭，无路可上，土兵将领就在南端岩上依山势凿峭壁修筑了一条上山之路，并在寨子隘口筑起寨门寨堡，前后历时数年，以防攻击，将士于此扎寨后，凭借天险与清军周旋。后瘟疫流行，土兵将士被困孤寨，弹尽粮绝，人马面临绝境，遂于深夜乘马冒险从大寨东面悬崖斜坡逃走。这段历史后被神化为传说，土兵将领在梦境中得神仙指点，可沿着寨山东面悬崖上羊肠小道脱困，就让人牵马，乘夜色冒险突围。后人称此处为"夜马路"。据说，悬岩上还留有马蹄印，真实与否，无从考证。

山寨几经沧桑，距今已有300多年历史。寨址在海拔840米处的山顶台地，大寨建筑被毁，遗址总面积5000余平方米，房址约400平方米。残存于寨子的遗迹主要有寨墙、寨门、寨卡、上下寨石板路、寨堡台基、夜马路以及围攻大寨时架设大炮的阵坡、营坡遗址。现寨墙遗存半截、寨门遗址大致完整，有条石城门立于原处，寨门口海拔780米。寨子门宽1米，用两条各厚0.4米、宽0.7米、长1.8米的麻条石做门框，上用墩子石拱顶（1981年垮塌）。寨堡围墙早已不复存在，堡基外沿与峭壁垂直，高约4米，全用麻条石交缝砌成，现基本保存完好。城门外是一条与山下连接的石板路，陡峭险峻，是土王田世爵扎寨后修建的唯一寨路，位于寨南崖端粟谷坝河流峡谷的绝壁上，长约120余米，从大寨门口蜿蜒而下。行人过此，稍有不慎，即坠入幽深峡谷。寨下西面是布阵围攻大寨和架设大炮的地方，故称此地为营坡，后因此地关姓人居多，就改称关家垭了。

20世纪90年代前，有两户杨姓人家在此居住，现杨家遗弃的房屋尚在，坐西朝东，杨家房屋右侧是一棵枣树，尽显古老，山上紫竹婆娑。大寨制高点海拔900米以上，可观察四周动向。土司大寨附近的阵坡、营坡这些地名仍能让人穿越历史，想象往日的硝烟弥漫，战鼓急、旌旗烈，马嘶人沸仿佛在耳畔响起。

土司大寨分别于1984年、2008年全国第二次、三次文物普查时被认定为粟谷坝遗址，被认定为建始县不可移动文物。

大寨山峭壁远眺（龚志祥 摄）

土司大寨遗址（郎正邦 摄）

历史上，容美土司地处楚之西"南徼"。东联江汉，西接渝黔，南通湘澧，北靠巴蜀，境内山岳连绵，沟壑纵横，最高海拔2300多米，最低在200米以下，是武陵山脉东段的中心。元末，其疆域控制面积约2000平方千米左右，明末清初鼎盛时期达7000平方千米以上，包括今恩施土家族苗族自治州的鹤峰县的大部分地区，巴东县野三关以南的大部分地区，恩施县、建始县清江以南的部分地区，宜昌市五峰土家族自治县、长阳县的大部分地区和湖南省石门县、桑植县与之接壤的部分地区。由此推测，土司大寨极有可能是容美土司向北防御的边防要塞，属于边关军事堡垒。大寨外侧临清江，内侧有小寨，地势高，南北有山，过去有营房类的军事建筑，位置在关家垭外，名营堡，后音变为营坡，用作屯兵之地，曾有古堡存在，护卫粟谷坝这块坝子，俯视阵坡和清江河，起监视作用，与土司大寨互为犄角。小寨还有个大洞，内有榨坊，还有石碾、石磨、石槽存在。大寨下方紧临清江的阵坡就是军事阵地，既是战场也是练兵之地。相传白莲教覃佳耀曾在此排兵布阵，与清军对抗。在村庄附近海拔1000多米的山巅有个名叫硝洞的地方，洞内有制造火药的原料，更是让人遥想当年军情紧急、烽烟四起。

如果粟谷坝村刘、关、张姓真是三国时就在此驻守的刘备大军后裔，土司大寨遗址的历史可以前推千年，越发古老。至于此地为什么可以驻军，大概因为这大坝子可以屯垦，军粮可自保。上游种稻，下游种粟，因为下游容易被水淹，只能季节性种植，最适宜种粟，快种快收。

该村在历史上属于兵家必争之地，行政、文化、经济等方面的要素多在此交汇交融，对村落产生深远影响。九组有个机匠包，位于北纬30°20′34″，东经110°5′11″，海拔约990米，机匠包地处建始县南向驿道的关键位置，北通栗子坪、花坪、巴东野三关，南通官店、鹤峰。因此地兴起织布业和造枪业，得名机匠包，织布机匠负责生活所需，造枪机匠负责村落防御。现机匠包原址有一栋全木老房子，坐东朝西，门牌为九组十七号，五柱三间，一明两暗带拖铺，堂屋有一吞口，土墙装饰，檐口双挑。门前有棵大杏子树，很是应唐诗"清明时节雨纷纷"之景。30多年前，机匠包后山及周边山上曾广种茶树，茶质特好，现存109亩，算得上一个小型茶场。

## 蝶变的龙湾瀑布

　　龙湾地名与文化交融、人员交往有关。龙湾坐落在土司大寨西面,粟谷坝河经"一线天"峡谷从清江南岸绝壁石缝中飞流直泻数百米跌至龙湾形成瀑布,名蝴蝶泉,声名远扬。龙湾濒临清江南岸粟谷坝河汇入清江之地。龙湾大洞口径周长1362米,龙湾瀑布悬挂于清江南岸千仞绝壁之上,乃清江画廊之奇观。《建始县志》(1994年版)记载龙湾瀑布"大雨时呈云朵、丝绢、柳絮状飘落,犹如天女散花,美丽至极,惜久晴即消失"。瀑布宽50余米,落差200多米,飞流直下,气势磅礴。

　　从清江北岸或江面游轮上远观龙湾瀑布,其左边是高耸的土司大寨绝壁,右边是大井坡山崖峭壁,呈扇形展开,犹如翩翩起舞的蝴蝶,色彩斑斓,故名"蝴蝶崖"。粟谷坝河水从龙湾峭壁中上部峡口裂缝喷涌而出,跌落成飞瀑,落入崖下龙潭,好似蝶尾点水一般,故名"蝴蝶泉"。

　　关于龙湾瀑布和蝴蝶崖绝壁,当地土家人流传着一个美丽的传说。据传,容美是玉皇大帝的小女儿,千娇百媚,美貌非凡。玉帝的外甥二郎神对她十分心仪,百般讨好。为了阻止他们的自由恋情,玉帝便把小女儿容美

龙湾瀑布(郎正邦 摄)

贬下人间，做容美部族的首领。容美住在龙湾潭边的葛藤坡容美洞，龙潭中的小龙王对她一见钟情，两人倾心相爱。一天，容美在龙湾沐浴，心生忌恨的二郎神背着玉帝，私自率雷公电母和一众天兵，欲击杀小龙王，强抢容美。刹那间，乌云翻滚，电闪雷鸣。一道巨大的闪电过后，一声惊雷撕心裂肺般击中山巅，把粟谷坝湖盆炸裂开一条长八千尺、宽五尺、高数十米的崖缝，湖水沿着裂缝，以雷霆万钧之势喷涌而出。眼看容美就要被二郎神掳上天庭，千均一发之际，小龙王用龙尾奋力扫开乌云，又将容美卷住，缓缓下落。二郎神气急败坏，狠狠地一剑刺向小龙王颈部，重伤的小龙王带着容美下降得越来越快。二郎神又引来闪电响雷，把小龙王和容美生生劈开。就在小龙王和容美即将跌落龙湾龙潭之际，他们双双化为蝴蝶，永远定格在龙湾绝壁之上，自此，成就了一个千古奇观，龙湾有了气势磅礴的瀑布和振翅欲飞的蝴蝶。古老的传说，永恒的爱情，成就清江画廊一道靓丽的风景，让人神往。

上有土司大寨，下有龙湾瀑布，两个地名各自代表的文化象征意义不一样，一个代表中原文化，一个代表本土文化，二者在此交汇，化茧成蝶，达成默契，互联互动互取，水乳交融，终成一体。

## 桥梁驿道遗址

粟谷坝河贯穿全村，冲积成坝，因此必有桥梁以方便往来。现代交通兴起后，古桥多已消失，但村庄年长者还有深刻印象。距离当今较近的古桥有3座，粟谷坝河上中下游各一座，但均已被毁，被钢筋混凝土桥梁替代。在粟谷坝河中段，村落的核心地带，五组、七组之间的下马石有座石木结构的风雨桥，桥礅由大石砌成，桥面是硬木，桥两边木制护栏，上盖青瓦，约4米宽、30米长、3米高，存在了700年左右。现只有两岸的桥基默然相望。20世纪70年代在风雨桥下方约30米处修建了一座现代公路桥梁连接两岸，大大提高了运力。粟谷坝河下游营坡老峡口风雨桥，形制与中游的风雨桥同，连接硝洞坪村的枫香垴至粟谷坝村的关家垭，桥址距离土司大寨约1.5千米。因常年无人维护，自然风化严重，毁于1989年洪水，现河岸两边还有石头礅子存在。政府为方便两岸行人往来，在桥址拉上铁索，拴上滑轮，成了溜索桥。位于粟谷坝河上游十三组的鲁家桥是方便两岸村民生活交流和生产劳作的风雨桥，规模稍小，上盖青色土瓦，桥面两边有扶栏，还有木制板凳供过往行人休息。村民说泰山庙的菩萨曾经被供奉在鲁家桥上，后桥与菩萨被洪水冲走，现只有桥基的石墩立于原址。原址上建起了一座方便行人过往的便桥。

风雨桥遗址（龚志祥 摄）

粟谷坝村地处古代交通要冲之地，连通清江南北两岸，是建始县南向对外交流的通道之一。经过粟谷坝村的古道大致有六条：一是杨家街—大垭门—鲍坪—青龙河—巴东四井水、金果坪—长阳；二是粟谷坝—雅雀山—青龙—巴东；三是粟谷坝村的小溪—中路岩—青龙—巴东；四是粟谷坝村的小溪—摩峰—官店—鹤峰—常德；五是粟谷坝—硝洞坪—桐子沟—垭儿头—白果树—下都坪（渡口）—（清江）—尖石包—关口（景阳关）—花坪—三里坝河水坪—建始县城；六是粟谷坝—粟子坪—岩口子—寨龙—野三口—巴东清太坪—野三关—宜昌。但如果按方向归纳粟谷坝的古道，就是三条，一条北向，越过清江，经花坪通建始县城，连接巫山；一条南向，经鹤峰连接湖南；另一条东向，经巴东清太坪顺清江而下去往宜昌、汉口。

此村曾有一条悬崖挂壁小路很有名，叫雅雀山挂壁小路，曾有民间打油诗"巍巍雅雀山，悬崖高万丈，下岩擦背脊，上山触鼻梁"形容雅雀山垭口小路的险陡，也反映人们出行的艰辛。

# 逐渐消失的传统建筑

粟谷坝村传统的土木结构、石木结构的房子所剩无几,村民多在原地修建二至三层高的钢筋混凝土楼房。据村民龚先生介绍,粟谷坝村中心地带杨家街(杨姓是大户人家),规模大到可形成一条街,建筑宏伟,居住经商一体。现代交通兴起后,人流、物流均发生改变,这条街逐渐冷落下来,传统建筑也被现代小楼替代。20世纪50年代,杨家街兴办学校,成为当地文化教育中心。

六组王家坪还有部分老房子,近年又损失一些。据说贺龙、关向应曾在此驻留,关向应还曾在此办公开大会。十四组的大院子毁于白莲教起义,被火烧毁。位于山上的八、九、十、十一组还有部分土木结构和石木结构的老房子存在。在粟谷坝村知名度高的老房子是七组水田坪的老院落,现还存在部分。老院落以大地主

水田坪的老房子(龚志祥 摄)

刘泽光的大院子为主,刘泽光老屋坐南朝北,坐落在老虎山下。院落周边田地都曾为刘泽光所有,曾有武装民团护院,现老屋已毁。刘泽光在1948年修建一栋新木房子,1949年竣工,新木房子正屋长5间,坐东朝西,9柱落地,柱为红木,有天井院坝连接老房子。新屋残存部分,现有神龛、雕花图案窗户存在,房屋两头石墙可见,全是方正的条石,石材打磨工艺精湛。

## 古树古井

二岔口十四组有一棵巨大的白果树，需6人牵手才能合围住，每年果实累累，20世纪80年代修清江景阳河铁索桥时被砍伐，为建桥作出贡献。现小溪十组还有棵白果树，属于古树，枝叶茂盛。

粟谷坝村民多饮用山泉水，组组有水井，但古井不多。五组萧家坡有口古井，井口用石头简单地堆砌，过去出水量有茶缸口粗，流速快，天旱时，山上硝洞坪、天井坝的农户都下来挑水。受气候和地质影响，现出水量变小。阵坡有口大水井，在土司大寨的山崖脚下，出水量大。2008年，阵坡人口已转移搬迁到他处安家，水井荒弃。鲍坪有两口凉水井，据谭功才先生作品《鲍坪》介绍，这两口水井都在杨柳坦机

古银杏树新枝（龚志祥 摄）

匠包，一口在包中间，一口在包下。包中间的叫机匠包水井，包下的叫凉水井。因这两股好水的原因，附近杨柳依依，才会有杨柳坦地名传世。

## 远去的民俗

在现代文明的影响下，粟谷坝村一些传统的民俗慢慢淡出生产生活。过去村庄结婚之人，骑马抬轿，现在改坐轿车，礼节代际传承被新的时尚替代，但以鲍坪为中心的山上人家，嫁娶之事还保留着陪十弟兄、陪十姊妹习俗。老一辈村庄人多会唱山民歌，现在年轻人中会唱的较少，只有极少数人可以哼唱几句。

在 20 世纪五六十年代还有傩愿戏。过去村落曾有皮影戏,内容主要与《三国演义》《水浒传》《西游记》等有关,现已失传。靠官店一方的山上土家人家在老人去世时会跳撒尔嗬。村民修建房屋,如果房屋前面有白岩,大门壁上则雕刻老虎头,喻指吞白虎、免灾镇邪。因为民间有俗语"白虎当堂坐,无灾必有祸",其实这也是一种化解心理压力的方式,也是一种人与自然协调的方式。

# 硝洞公社旧址

硝洞公社旧址位于建始县东南。公社辖摩峰、青龙、硝洞三个管理区,总面积约 70 平方千米。公社境内的硝洞坪有一个深邃大溶洞,洞口小洞容大,深不可测。洞中有一个大坪坝,可容纳万人。相传清嘉庆年间,人们在洞中熬制硝土,故名硝洞,成为当地的显著地理坐标,硝洞公社名称由此得来。

硝洞公社旧址位于粟谷坝村七组六组的交界处,距离景阳镇政府驻地约 21 千米。旧时,硝洞公社东与巴东县四井公社接壤,南与官店公社相连,西与景阳公社毗邻,北与石马公社隔清江相望。公社旧址及办公楼现为粟谷坝村村委会办公大楼。

硝洞公社(县地名办提供)

走近

硝洞公社（县地名办提供）

公社原在一栋两层的楼房办公，1975年新建一栋占地面积880平方米的石木结构的四层办公大楼。大门门楣正墙上，用彩石镶嵌成"建始县硝洞公社"七个大字，两边用兰花图案装饰。这是那个时代不多见的特色建筑物、少有的不可移动文物，其文化价值有待人们去发现。

## 红色记忆

陈栋川打击团防。1930年3月下旬，红四军第五路军指挥副官陈栋川，又名余栋川，率部在粟谷坝村打击团防反动武装。

贺龙创建苏维埃政权。土地革命时期，贺龙领导红军，在官店地区建立摩峰区苏维埃地方政府，辖摩峰、硝洞、青龙三个乡，在鲍坪设立农会，打土豪分田地。

关向应旧居。红军政委关向应驻地旧址位于景阳镇粟谷坝村六组王家坪，现为州、县文物保护单位。《建始县志（1983—2003）》记载关向应驻粟谷坝旧址"位于建始县景阳镇粟谷坝村六组王家坪。原建筑为穿斗四合水式木质结构，房屋共三进，内有天井，外有楼门，为陈汉青住宅。现为村民陈庭泽、陈庭敏、陈忠平、向承章等户的住房，部分房屋已翻修。村民讲述，民国二十二年（1933年）4月—5月，红三军政委关向应带领军部机关部分人员，来到粟谷坝村指导开展土地革命运动，在此办公"。村民讲述，旧居建筑为砖木穿斗式梁架结构房屋，四合院共三进，外有院门，内有天井，两端设飞檐封火墙，建筑面积约343平方米。20世纪80年代初，旧居原貌尚存，后期，只剩前厅三间。因年久失修，至2020年春，仅存的三间房屋垮塌无存。恩施州文化馆、建始县文物局存有照片资料。

走近

# 观景之阳
## ——双土地古街

## 神奇的地名

20世纪60年代以前,双土地曾是一个繁华的古镇,现在则是一条古街。古街位于清江南岸,坐落在海拔约1040米的山坳里,现属于建始县景阳镇管辖,位于白岩水村三组。

双土地古街为一条孤立的独街，自官店方向的山垭口不远处向山下清江方向呈"之"字形折叠延伸。现人们习惯以上街和下街来区分这条古老的街道，临清江这头为下街，顺地势上升至官店方向垭口的半条街为上街，上下街之间没有明显的界限，仅依古镇人们的习惯划界，因此人们心中上下街的位置区分各有不同，就如人有高有矮、腿有长有短，但都遵循自然之美，街之划分也如是。

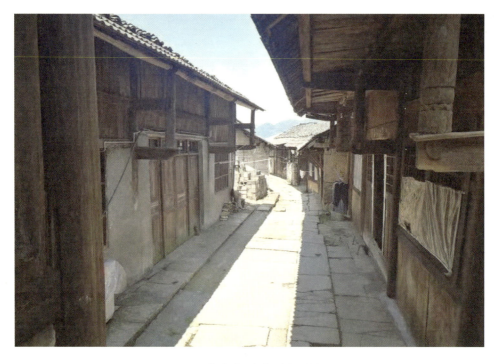

双土地古街（向平提供）

武陵山深处的繁华闹市也好，幽静小村也好，其兴衰枯荣，无不与道路、河流、口岸、关隘相关联。双土地古街具体建于何时无从考证，古街的繁华是因建始县至鹤峰县和湘西古驿道修建之故。当然，在通湘驿道建成之前，这里也有小道连接清江两岸，可上溯至上古巴人拓荒时期，那时巴国因盐而兴，双土地的道路也是巴盐古道的组成部分，但人流物流规模都不大。真正兴盛自清康乾盛世始"改土归流"带来大规模移民，促进了双土地古镇的繁华。民国以前，双土地这个地方属于土汉分治的边界地带，也是多元文化交汇之地，行政上曾分属建始县、恩施县管理。因此，因驿道而兴的集镇也分属两县，或者说由恩施县和建始县共同所有。如此一来，以因古驿道而成古街的街道中心为界，以面临清江者为前街，左边属于恩施县，右边属于建始县。为以示区别，在上街街头不远处路左边有一个菜园子，修有一个土地庙，庙内塑有两个土地菩萨，一左一右，相向而坐。庙前有两块地，恩施县和建始县各一块，极具象征意义。因此，这两个土地菩萨分别代表建始县和恩施县管理这座古镇，有清同治版《建始县志》卷首图考《建始县旧舆图》标注"恩邑双土地"为证，这也许就是双土地得名的缘故。但这只是行政管辖权的划分，现实中的双土地古街并没有划街而治，也不存在所谓的街道中心隔离护栏，那不是古镇人需要的生活，古镇人心中的左街右街与上街下街一样界限模糊，朦胧而且美丽。

这个神奇的地方离不开"双"字来传情达意并不一定始自明清，也许更加古老。《宋史》记载：宋咸平五年（1002年）正月，天赐州蛮向永丰等二十九人来朝。夔州路转运使丁谓言："溪蛮入粟实缘边砦栅，顿息施、万诸州馈饷之弊。臣观自昔和戎安边，未有境外转粮给我戍兵者。"先是，蛮人数扰，上召问巡检使侯廷赏，廷赏曰："蛮无他求，唯欲盐尔。"上曰："此常人所欲，何不与之？"乃诏谕丁谓，谓即传告陬落，群蛮感悦，因相与盟约，不为寇钞，负约者，众杀之。且曰："天子济我以食盐，我愿输与兵食。"自是边谷有三年之积。

根据这个记载，我们不难推测建始县境清江南岸的双土地、粟谷坝这些地名也反映了宋代中央政权与西南溪峒诸蛮地方政权的盐粮互市、稳边兴边的情况。从这个层面分析，双土地承载了中央政权与地方少数民族政权共管的意义，粟谷坝位于双土地的东南方约10千米，是少数民族种粟之所，双土地则成为宋时盐与粟米的交易之地。双土地古街下方、紧临清江边的革坦坝在1977年出土巴人军乐器双虎钮錞于，这是世所罕见的文物，一般都是单虎钮錞于。因双虎钮錞于现世，以"双"成就这个地方美名，人文历史时间线拉长了上千年。自然界的鬼斧神工就不知自何年始了。双石柱的壁立千仞也许有万年，清江河两岸绝壁就更加古老，江分两岸，一阴一阳，水之北山之南为阳，水之南山之北为阴，二分法深刻地影响古镇人的生活和情怀。但双土地古镇的人们对阴阳边界的认识是淡然的，心中没有生硬的线条，犹如清江河上的雾，化有形于无形，轻柔淡雅，飘逸而美丽。

景阳地名由来与双土地密不可分，景阳乃观景之阳，山之南水之北为阳，山之北水之南为阴。景阳与双土地是孪生关系，景之阳在清江北，以雄居清江北岸高山之巅的景阳关最著名，可以俯视清江南岸。但观景之人在清江南岸的双土地，也只有双土地古街是观清江北岸美景的最佳之地。名随人走，景阳之名花落清江南岸，景阳地名用来称呼以双土地为中心的清江南岸。随着岁月流逝，景阳地名覆盖清江两岸，这是因为行政区划的原因，更是双土地古镇人心中的愿景。

## 空间写意

双土地古街地势险要，视野开阔，东临双石柱，下至兴隆寺，西抵五花寨，南倚狮子包，顺着连绵起伏的山峰直抵轿顶山。据清同治版《建始县志》卷一《方舆志》载："五花寨，每当日暮，有五色祥光掩映轿顶山，所谓'五花暮霭'是也。"双石柱巨大雄伟，高近百丈，两石柱相距4米，如兄弟两。双土地古街四周美景环绕，恰如众星捧月。特别是雨过天晴，遥望江北，由东向西三县（巴东、建始、恩施）之秀峰映入眼帘。山谷云雾缭绕，时隐时现，那雾中石人清晰可见，一高一矮宛如一对恋人相亲相爱。清道光版《建始县志》卷一《山川志》载："山绵亘数十里，叠嶂层峦，峭壁悬绝，猿猱愁度。"雄居清江北岸的景阳关与古街隔江南北相望，隔空对峙，人们登上景阳关可俯视清江碧波荡漾、渔舟问答。特别是水布垭工程的开发建设，形成高峡平湖的壮丽景观，让人一饱眼福，豁然开朗。古街上有碧空，下有绿波，天水一色，宜人的气候令人心旷神怡，真乃风水宝地，是不可多得的避暑胜地。

古街的空间布局科学且实用。生猪交易（猪行）位于下街的右街，处于街

双土地古街俯瞰（龚志祥 摄）

头，便于处理粪便，冲洗时不会污染古街的其他部分，街头下方就是耕地和森林，猪粪可就近回归大自然作肥料。1949年后，双土地古镇的政府办公机构大致位于古街中部的右街，便于民众办事。医院也大致位于古街中部的左街。1949年前，刘乡长家处于上街右街的拐角处，而拐角处的左街为大财主高家，有权力、有财富的居住在街道拐角处，有安全考虑，可以监视上下街道来人，同时上到官店垭口方向容易，便于撤退，进可攻，退可守。驿站（骡马店、旅店）也是建在距离垭口不远的上街，也是有防御考虑，翻越垭口就是大山深处，便于隐蔽和逃跑，这从侧面印证了当时社会的动荡和艰辛。

古街历史悠久，建于何时是一个谜，有待考古发现。有文字可考的历史认为古街始建于明末清初，已有三百多年的历史，清道光版《建始县志》卷首绘图记载此地为双土地，清同治版《建始县志》记载，全县有乡场30个，双土地是当时比较大的乡集镇。古街地处川盐入湘必经之路的关键节点，当年商贾云集，店铺林立，车水马龙，热闹非凡。相传在修建古街时，人们挖出了两个酷似土地菩萨的石头，就在上街头上狮子包脚下修建了两个土地庙，庙前留出两块小土地，古街由此得名双土地。

古街长400多米，宽约4米，古色古香。50多栋房屋依山而建，木石结构，彰显独特建筑风格。古街分上街、下街两部分，青石板铺就，从下到上共有六级石梯约百余步台阶，每级石梯之间有15米左右的平台街道。街道由凿成方形的青石板铺制而成，石板的底部建有下水道，街道上面每隔一段设置有排水孔。排水孔做工精细，形状像铜钱，非常美观，也可起到防汛的作用。沿着平台街道攀登四级石梯，来到上街转角处，就到了有名的"上三步""下三步"。就是说从上街下来的人们到此处要上三步，从下街上来的人们到此处要下三步，古街以街中心为界址，左边属恩施右边属建始。

从上街出入口至狮子包脚下建有一座财神庙，位置恰到好处，人们离开古街外出闯荡江湖，最后一道仪式就是走进财神庙求平安顺利，寄托相思与乡思，然后一脚迈出古街，远走天涯路；而外乡人进入古街，最先一道仪式就是走进财神庙祈求事事顺心，心怀美好与愉悦，然后一脚踏入古街，找寻致富之道。

离开双土地和进入双土地的人都需要求财求平安,财神庙成为寻找心灵寄托的场所,庙的功能泛化为保平安保顺利得幸福,不再局限于求财。因此,住在街上的商家、百姓和四面八方赶集的人们都要来这里祈福,人来人往,香火不断。财神庙正殿上供奉着一尊由当地的能工巧匠精雕细刻的财神菩萨,这是当地人的一种信仰,也表达了老辈人祈求财富、平安和幸福的美好愿望。后来,这座庙年久失修,无人管理,现已消失,只留下一处遗址,遗址处长有一棵茂盛的核桃树,静静守望着庙址。

## 客栈往事

双土地古街是古盐道之要塞和"川盐济湘"的重要通道。当年南来北往的人尤其多,有客商,有逃难者,更多的还是运盐的背夫。尽管有四家客栈和五十多间民户空房,也无法接待这么多人。善良的古街人立了一个不成文的规矩,让湘西背夫和逃难者住在室内,近处的背夫和客商只好在屋檐下、街道上住宿。

老街印象(郎正邦 摄)

这一做法感动了湘西背夫。他们天亮从花坪出发，黄昏时来到双土地。往来客商若遇到清江涨水、无法过河的情况，只好住在双土地，一住就是好几天。因此，湘西背夫把双土地古街也当作他们的家。古街人民关心湘西背夫的美德，永载史册。

双土地古街的四家客栈值得一提的是下街的马义客栈。这家客栈以仁义为本，特别是在抗日战争时期，从宜昌逃难的人们有的来到了双土地，受到了马义客栈的接待，感到了家的温馨。如难民向俊成长住在马义客栈，以理发为生，还在客栈老板的介绍下与当地人结婚安家了。又如难民谢胡子在马义客栈老板的帮助下，得到一间屋做生意。抗战胜利后，他回到宜昌的老家。20世纪70年代初期，各生产队安排上调民工到宜昌修鸦官铁路（鸦鹊岭至官庄），也叫鸦宜铁路，谢胡子专程到建始景阳寻马姓的双土地民工，虽然双土地上调的民工没有姓马的，但有从双土地走出去在别的地方安家的马姓民工。谢胡子找到后非常高兴，并邀请他们在家里做客，他一再表示当年逃难在双土地受到马义客栈的热情接待，终生难忘。

## 四合院的前世今生

在古街拐角上有一栋四合院，四合水的天井，中间三层抱亭，国民党乡公所曾在此办公。院落坐东朝西，是双土地古镇有名的大财主高宏胜的家。庭院正屋两端是用条形石头与火砖砌成的封火墙，起到防火作用。封火墙上端有垛子，垛子造型精美，特别是垛子上那一对对仙鹤栩栩如生，昂头向上，展翅欲飞。庭院的地平全是用瓦渣灰、石灰、熟糯米、桐油搅拌后填充而成，相当于现在的水泥地平。庭院的中间建有凉亭，亭子做工精致，四根亭柱托起三台十二角，每个角都向上翘起，亭柱上雕刻着形态各异的图案，这是主人陪客人休闲品茶的场所。庭院的西厢房面对街道，大门两边是商铺。

在双土地的下街，有一栋木石结构的四合院，是大地主杨益三的家，坐北向南，面对街道的是三间正屋，正屋后面东西两侧为厢房，后屋属吊脚楼房，中间是小天井，天井四周用条石铺成四围走廊，东厢房后面建有花园，花园的护栏四周摆放着盆景。当街三间的燕子楼是由四根吊檐柱构成，吊檐柱上雕刻着形态各异的花纹，中堂两侧一边是药铺，一边是商铺。大门两旁摆放着一对石鼓，石鼓的边缘雕刻有石狮。

## 古街变迁

中华人民共和国成立后，政通人和，百业兴旺。双土地古街迎来了新的发展机遇。成立于抗日战争时期的双土地民族乡改为景阳区，区公所办公地依然在古街，并增加了邮电所，税务所，银行等机构。

1955年，国家实行公私合营，景阳区成立了供销合作社、手工联社等机构。双土地古街原工商个体户积极入股，加入供销社、手工业社。供销合作社总部设在原大地主谭建峰家，手工业社安排在高光辉的后屋。供销社业务扩大，由国家投资，在古街后面的青树台修建了新的供销社，这样就有百货门市、副食门市、生资门市、收购门市等，双土地古街人民如火如荼掀起为社会主义建设添砖加瓦的高潮。

在20世纪60年代初期，由于建官公路（建始县城至官店）通车，交通流向改变，设在双土地古街的各个机构都陆续搬迁到下坪，有的居民也跟着搬走了，这里就只剩下40多户人家，成了一个农业生产队。

现在的双土地古街少了昔日的喧哗，繁华逝去。铅华褪尽的古街一片宁静，十余位古街老人固守双土地的传统，看日落日升，听清江水韵。

隔三差五的，一些游客前来双土地古街游走一番，然后惬意离去，特别是夏天。游客远则武汉人，近则本县人，多则二三十人，少则七八人，专门来双土地观赏这古老的石板街，也有找寻儿时记忆和追忆韶华的。

岁月轮回，沧桑巨变。热情好客的古街人给游客留下了深刻印象。游客步入古街，放空心情，可听老人们讲述双土地的前世今生和逸闻趣事。

建始县传统村落

繁华逝去的古街（龚志祥 摄）

## 红色双土地

　　双土地古街曾是景阳集政治、经济、文化于一体的中心所在地,清代设过景阳里,民国时期先设双土地联保办公处。第二次国内革命战争时期,红军在双土地开展革命活动。1928年12月24日,贺龙率工农红军第四军突袭建始县城,次日拂晓向建始、恩施、鹤峰三县交界地带转移,途经景阳,当晚驻扎双土地,夜宿古街，第二天继续开拔，播下革命火种。1929年12月中旬，红四军主力在建始、鹤峰、恩施三县交界处活动，革命根据地开展减租退押运动，发动群众，组织农会，建立了楠木区苏维埃红色政权，苏维埃政府就设在双土地，其副主席由当地人向甘皇担任，当地的热血青年积极参加革命。罗越山等六人随军至官店、大荒口，向秀成随军给贺龙牵过马，并参加了二万五千里长征，在中华人民共和国成立后转业回景阳五花寨居住，在20世纪70年代初因病逝世。1930年6月22日，红四军第五路军40团团长陈海波率军打击双土地团防刘志武部时，壮烈牺牲。1930年10月，红军鹤峰县游击大队政委邱本仁率部袭击双土地，活捉团防大队长向久清。

## 双土地学校

双土地古街在清时的私塾、学馆等情况暂无文字资料，但据《建始县志》（1994年版）载，清代时，县境有义学、族学，各乡亦有朋学、座馆等，少数官绅富家子弟读完私塾入县城五阳书院继续学习。清光绪二十五年（1899年），建始县共有私塾148所、学生3949人。双土地古街私塾教育占有一席之地。双土地学校建于民国初年，位于学堂岩下。民国二十四年（1935年），建始县采取强迫入学办法，推行国民义务教育，小学数量增加。民国三十年（1941年）全县兴办乡中心学校22所、保国民学校45所，双土地小学在此段时间得到进一步发展。民国十九年（1930年），建始县清江南岸苏区建立，曾创办17所列宁小学，双土地是否在列需要进一步考证。

双土地小学在古街东边约200米处的学堂岩，学校建筑全为木石结构的三层楼房，坐南朝北，前后都有走廊，形成了走马转角楼。一楼是教室，二楼是教师寝室及办公场所，三楼是学生宿舍。校园东头有一座马鞍形的小山包，分一包、二包，学校故得名学堂包，成为组织学生开展丰富多彩课外活动的场所。民国三十二年（1943年），双土地小学有用隶书题写的"政教一贯"四个字，当时学校请当地有名的石匠凿刻在学校后山的岩壁上，现已无朱红色，但字迹犹存。

## 古街民俗

双土地古街素有民间传统文化艺术之乡的美称。民国时期，这里就有玩狮子灯、打锣鼓的习惯，特别是江南三起头花锣鼓，不少古街人对此都很专业。古街还有花匠艺人蒋玉青、覃胡子等，他们扎的观音坐莲、二龙戏珠、金鸡报晓等灯具，形态逼真，活灵活现。每逢过年过节，古街的人们就忙着准备玩狮子灯了，到了正月初九，名曰"上九日"，就是出灯日子，他们首先来到财神庙，奏响三起头花锣鼓拜财神，于是有文化的人作了一副对联"狮子包下玩狮子狮舞双土地；财神庙前拜财神财发民族乡"，生动形象地表现了人们欢乐的情景。拜完财神后，人们就从上街玩到下街，接着就过村穿寨，一上路有举灯的、拿道具的、敲锣打鼓的，好几十人，所到之处都有鞭炮迎接，真是热闹极了。到了正月十五，玩灯的人们又回到了财神庙，在这里焚烧所有的灯具，这叫圆灯，说明有头有尾、有始有终。

中华人民共和国成立后，双土地人民迎来了文化大发展、大繁荣时代，再不是单纯地玩狮子灯了，而是采用更丰富多彩的表演形式，有采莲船、鼓儿车、秧歌舞、耍龙灯等。每逢劳动节、国庆节、春节等重大节日，人们从四面八方汇集在双土地小学，载歌载舞，尽情欢唱，那欢声笑语飘荡在双土地小学上空。人们用这种形式欢庆节日，表达翻身得解放、当家做主人、过上幸福生活的喜悦心情。双土地古街后面住着一位退休老人谭学银，他认为支客司的迎宾词单纯、枯燥乏味，就是一句"装烟筛茶"，仅此而已。于是，他突发奇想，把支客司和当地礼仪文化融为一体，独创了支客司文化。有客人来了，他的迎宾词妙语连珠："华堂前来了一位笑容可掬的贵宾，请东道主予以热情接待；大堂前又一路佳宾，他们精神焕发，满面春风，前来向东道主贺喜！请东道主筛杯热茶，敬上香烟！"他用地道的方言，声情并茂地说出来，增强了喜庆的氛围，同时表达了来宾们的喜悦心情和东道主的接待热情。他的这一创举，享誉景阳，再加上他会书写对联，弘扬正能量，无论谁家过喜事，都请他支客、写对联。他写的神龛上的对联总是感恩戴德的内容，如"承蒙祖宗德，深感党政恩""承前祖德勤和俭，启后孙谋读与耕"等。大门上的对联也是满满的正能量,如"高朋满座谈笑风生话家常,贵宾汇聚语重心长歌盛世"等,教育人们不忘初心,牢记使命。因此,人们也送他一副"华章遍景阳,墨宝满清江"的对联,表达景阳人对谭支客司的赞叹。

# 景阳核桃

以双土地古镇为核心地域的特产核桃远近闻名,名景阳核桃,是著名的地理标志产品。双土地古街周边的田地最适应核桃树的生长,属于景阳核桃的主产区。景阳核桃壳薄、肉多、个大、味美,出仁率和出油率高,桃仁饱满,口感嫩、香、脆,营养丰富,是干果中的上佳食品,也是赠送友人的心仪礼物。景阳核桃久负盛名,在1979年西安召开的全国干鲜果交流评比会上,被评为名优干果品种。景阳核桃品质上乘,得益于当地良好的生态环境、清江峡谷光热水土的配合和一代又一代双土地人的精心培育。清江两岸的白色绝壁成就了峡谷风光,也是景阳核桃的卫士,白色绝壁渗出的涓涓山泉滋养核桃苗,润物细无声,成就今日参天大树。因这白色泉水的独一无二,感恩的双土地古街人称之为白岩水,久而久之,村名也叫白岩水村,双土地古街成为白岩水村的第三组。为了追寻古街记忆、留住古街印象、守住古街岁月,村委会设在海拔约860米的八组,另建场所办公。白岩水村还保留了一口白岩水古井,

古核桃树(龚志祥 摄)

位于一组 25 号向家屋场旁边，海拔约 870 米，井深 5 米，两边井壁白色，白岩水四季常流，滋润万物，包括独一无二的景阳核桃。

景阳镇有百年古核桃树 300 余株，据说都是并蒂开花结果，以白岩水村最为集中。调查发现白岩水村七组 38 号房屋正前方核桃树粗大，枝繁叶茂，属于百年老树中的佼佼者。在双土地古街下面约 1.5 千米处有一地名叫香炉，有一个核桃种植大户马雪，是景阳核桃示范户。他家有百来棵核桃树，每年生产核桃 1500 斤以上。他家的景阳核桃畅销恩施州，甚至远销北京、上海、广州、武汉等大城市，供不应求。借助便捷的交通，双土地及周边的核桃走出大山，走向全国，走向世界。景阳镇的核桃产业已发展成为当地的支柱产业，成为百姓致富的摇钱树。

古街无声，岁月有痕。安静、古典、脱俗的双土地古街随着乡村振兴计划的实施，清江旅游的开发，以及烟雨石柱度假村的启动，将会迎来新的生机。

走近

# 景阳雄关
## ——长槽村

## 村落概况

长槽村位于花坪镇南部,距镇人民政府约7千米,东临花坪镇村坊村,南接景阳镇双寨子村,西临黄鹤村,北接新溪村。村民委员会驻长槽居民点。全村辖区总面积4.2平方千米,其中林地面积306.85公顷,耕地面积61.49公顷

（据长槽村村委会2019年统计数据）。境内最高海拔约1100米，最低海拔约900米，平均海拔约1000米。当地年均气温14℃，年均降水量1200毫米，年均无霜期210天。产业以农业为主，种植业以玉米、土豆为主，经济作物及特产为关口葡萄，养殖生猪、山羊。截至2019年末有居民177户、517人，以李、王、蒋三姓居多。下辖7个村民小组，有7个居民点，民居多呈散状分布，分别位于关口、一二洞、蒋家台子、李家包、丁家湾、椿树垴、长槽。

关口位于长槽村东南部，境内有关口崖，位于清江北岸，海拔约1080米，山口长约45米，宽约16米。古代关口为清江南北两岸间唯一通道，地势险要奇特，"一夫当关，万夫莫开"，明朝设置关卡，故得名。境内气候温和，雨量充沛，土地肥沃，地势平坦，槽田居多，独特的水、热、光、气及土壤等地理环境，孕育出独特的"关口葡萄"。

关口老街（傅一中 摄）

一二洞位于长槽村东部，因此地东西二山各有一个数百米长的山洞，故得名。蒋家台子位于长槽村东部，该地位于山坡中上部，地势较平坦，远看如台。清乾隆初年，蒋氏家族因清王朝的"湖广填川"政策以及长江水患，自荆州迁徙至建始落业，于此台地上定居，为最早居民，蒋家台子故得名。李家包位于长槽村东北部，清康熙年间，李姓先民因清王朝的"湖广填川"政策，从湖南宝庆迁徙至建始，分支族人来此山包周围建房定居，李家包故得名。丁家湾位于长槽村北部，清初，丁姓先民自荆州迁徙至建始，于此山湾落业定居，为该地最早居民，丁家湾故得名。椿树塝位于长槽村北部，此地地势四周高、中间低，为山间塝地，椿树多，椿树塝故得名。长槽占地面积约2公顷，位于长槽村中部，为居民委员会驻地，地形为山间狭长槽地，长达十余里，俗称"十里长槽"，简称"长槽"。

长槽村，明洪武四年（1371年），属湖广都司施州卫建始县辖；明洪武二十三年（1390年），属四川夔州府建始县辖；明正德七年（1512年），属建始县长寿里辖；清康熙二十年（1681年），属坊廓里辖；清乾隆元年（1736年），属湖北施南府建始县长寿里四甲辖；清同治六年（1867年），属长寿里四甲辖。民国七年（1918年），属"良"字区辖；民国十九年（1930年），全县设5区、98个联保，长槽属第四区署石马坝联保辖；民国二十四年（1935年），全县设3区、22个联保，长槽属花坪区周塘（今周唐）联保辖；民国三十年（1941年）10月22日，建始县政府下发"关于实施新县制"的训令，对乡的管辖划分和乡的机构建制作出规定：全县22联保各就原有地名统改称为乡。是年11月至12月，各乡根据县政府的训令，将联保改为乡。花坪区根据具体情况，将周塘（今周唐）乡改为景阳乡，将田家乡改为石马乡，辖区未变，长槽属景阳乡辖。1950年，废除保甲制，属花坪区辖，命名为长槽村；1953年8月，将地名区改为数字序列名称，属第八区关口乡辖；1956年8月，全县设7区1镇，同时恢复地名区，属花坪区辖；1958年人民公社化后，属花坪公社关口管理区辖，更名为长槽大队；1961年，恢复区建制，属花坪区关口公社辖；1975年，撤区并社，属石马公社关口管理区辖；1984年，设区建乡，属花坪区关口乡辖，更名长槽村；

1996年，撤区建乡（镇），属花坪乡关口管理区辖；2011年，调整建制，属花坪镇管辖。

# 景阳雄关

景阳关，又名建平关，俗称关口，位于长槽村东南端，距村民委员会驻地约1千米，东邻村坊村，南接景阳镇双寨子村，西连长槽，北接蒋家台，现仅存关卡石门及少许围墙。境内有关口崖，位于清江北岸，海拔1080米，山口长45米，宽16米。景阳关因景阳河而得名。景阳河则是由一个人得名。据传，"景阳"本是廪君手下的一员大将，廪君巴务相带兵统一了清江流域之后，见这里地势险峻，于是派爱将景阳镇守这里，筑城守关，因是景阳驻守之地，遂用景阳之名为地名，关也随之得名景阳关。此地位居景阳清江北面绝壁之巅，与清江南岸隔河相望，景阳镇两岸大部分风光尽收眼底，一小道沿峭壁陡坡蜿蜒而

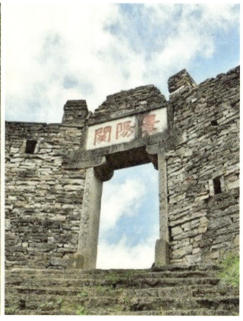

被破坏了的景阳关（右）与原来（左）对比（傅一中 提供）

下至江北，行走极其艰难，为原建始与官店间唯一通道，从明代起就成了防御兵匪的关隘。清嘉庆元年（1796年），白莲教在清江南官店安营扎寨，建始知县在此修筑关隘，门额刻"景阳关"三个隶书大字，左右门框上书刻对联一副："峻岭龙蟠胜接西鸿灵秀，雄关虎踞险伺南圉屏藩。"左侧原有木石结构住房一栋（已拆），一遇战情就派兵守卡，居高临下，凭借天险防御。现存于恩施州博物馆，作为该馆镇馆之宝的巴人虎钮錞于，就是在景阳五花寨山脚下的革塘坝二台子出土的。因为这一重要文物证据的面世，巴人曾在这一带征战的传说得到证实。虎钮錞于以实物的形式将建始的文明前推至东汉以前。而传说中景阳之名的来历也变得确切可信起来。

景阳关雄立于清江北面万仞绝壁之上，与清江南岸隔河相望，关两边悬崖壁立，峰峦叠嶂，有"万山朝贺"之势，立于关上，景阳镇两岸大部分风光尽收眼底。关下河谷幽深，门前筑有直通景阳河的石级。雨过天晴，崖下景阳河谷云遮雾绕，山峰沟谷若隐若现，深不可测。从关口至清江北岸古渡口约7.5千米，曲曲折折的万千石级，是昔日的古大道。大道由青石板砌成，沿峭壁陡坡左纤右折而下，不能骑马，不能乘轿。空手而行，自渡口向上走，7.5千米（15华里）才能爬上景阳关；自关口下行，头晕目眩，战战兢兢，一直下到中渡口。清道光版《建始县志》载："关口，距县治东南一百三十里，下临清江河。河北山绵亘十数里，叠嶂层峦，峭壁悬绝，猿猱愁度。中有大石，耸峙若门，名曰'关口'。出口仅一线之道，左纤右折而下，骑舆难施。自口至河滨约十五里。明季居人累木石于上以防寇贼。"清道光年间的建始县知县袁景晖站在景阳关作《关口崖》诗曰：

旧设崖关险，传闻雨洗兵。①

天梯心目骇，俯瞰一江清。

当他站在清江河的古渡头仰望关口崖时，只见一眼望不到头的、东西向的、巨人般的、千余米高的悬崖矗立，峭壁如刀砍斧削，极目上视，连绵峰顶郁郁葱葱。

---

① 嘉庆元年，教匪滋事，关口崖设有防兵。（此为诗人袁景晖自注）

山崖底部为陡坡,下是湍急的清江河。于是作《自清江望关口崖》一诗:

> 浩浩临中流,波平心可鉴。
>
> 极目入青苍,飞岩挂一线。

清道光三年(1823年),江苏监生顾夔梅任建始县大岩岭县丞署县丞,经过景阳关后留下了《关口》一诗:

> 破晓上层峦,风高清露沃。
>
> 拾级连步跻,蛇径纡而曲。
>
> 肩舆旋转难,登顿劳双足。
>
> 杉桧笼寒烟,枫柏绚初旭。
>
> 垂萝偶攀援,野花自繁缛。
>
> 云气湿征衫,泉声漱鸣玉。
>
> 乘兴穷其巅,停憩无茵褥。
>
> 扼隘俨雄关,考古无高躅。
>
> 俯视人村稀,炊痕互断续。

这首诗在清道光版《施南府志》《建始县志》和清同治版《建始县志》中均有记载。

景阳关在历史上就是兵家必争之地。根据有关史籍记载,早在明代,由于容美土司侵占清江沿岸以及匪患寇乱时起,建始县官府在此修建防御工事,垒木石于关隘之上,防御兵匪。清嘉庆元年(1796年),白莲教在清江南官店安营扎寨,官府于是重修景阳关隘,筑有高约5.4米、长约24米、厚约1米的清一色长方形大石块砌成的关墙,左右上下两层射击孔(观察孔)12个,中开石门,石门的南面门额刻"景阳关"三个繁体隶书大字,笔力雄健遒劲,显示出非凡气势。左右门框上书刻楹联一副。据说原先的楹联是:"雾横鹤岭胜接西鸿灵秀,雨洒蚕丛险伺南圉屏藩"。民国三十五年(1946年)重修关口时,时任建始县县长金重威将对联改为"峻岭龙蟠胜接西鸿灵秀;雄关虎踞险伺南圉屏藩"。关门两边还撰写有碑文,由当地有名的书法家刘介民书写,著名石匠崔登文镌刻于关门之上。由于对联和碑文均被凿毁,且无文字记载,金重威修改楹联之说无从考证。

2002年12月,恩施州人民政府公布景阳关为第三批州级文物保护单位,并于2010年7月在关上立保护碑。2014年4月,建始县史志办公室在调查历史遗址时曾拍下关口老街和景阳关图片。

被人为凿毁的景阳关两侧门框上的文字(傅一中 摄)

石门南出口修有石级1487级,左侧原有木石结构住房一栋(已拆),现仅存关卡石门及少许围墙。站在关口南出口上,只见悬岩绝壁中有一条从岩缝中开凿出的独路通向清江河边。天二公路从关口脚下绝壁的景阳关隧道伸出,穿山而过,蜿蜒伸向清江岸边。远眺清江南北,有一种鸟瞰大地的感觉。清江像一根碧绿的玉带,在深山峡谷中穿来绕去,时隐时现;两岸的农田层层叠叠,线条极为优美;翠绿色的庄稼,墨绿色的树林,深黄色的土地,犹如画家笔下的油彩;星星点点的农舍,像鸟笼点缀在山水田园间;新修的景阳集镇坐落在清江南岸,被一片紫气笼罩着,如海市蜃楼一般;景阳河的著名风景点五花寨、轿顶山、双石柱等尽收眼底,一览无余。

离关口不远还有一绝妙去处，那就是观景台。观景台为今人所建，在一绝壁的边缘筑一溜曲曲折折的钢筋混凝土栏杆，游人可扶着栏杆尽情观赏清江两岸的壮美画卷。抬眼远望，茫茫群山与蓝天白云相接；俯看清江峡谷，幽远深邃，一片空蒙，隐约几处农舍散布在奇山秀水之间，给人亦梦亦幻的感觉。

景阳关是古代横贯川、鄂、湘的"盐大路"上的重要关隘，在1959年建（始）官（店）公路通车前，为清江南北两岸间唯一通道，是建始县内八条大道之一，也是古代川盐入湘的重要通道，常年有马帮经过，将川盐和本地出产的桐油、生漆、动物皮毛、中药材等土特产品运往湖南、广东，然后又将布匹、海产品、瓷器、百货等各类生活日用品（俗称"南货"）运入县境，或转贩到四川等地。清道光版《建始县志》记载："建始至鹤峰道。沿建巴驿道至河水坪分路，经红岩寺、花果坪、关口、清江中渡口、战场坝、官店口、大庄进入鹤峰境。县内里程四百九十华里。"所谓"川盐入湘"的概念是：建始是川东边陲，川鄂要塞，与四川巫山、奉节接壤，川盐经陆路进入建始后，经红岩寺上花果坪，经关口下景阳、上官店，然后经鹤峰进入湖南。景阳关北面约500米处，在古盐道的两侧，有一条关口老街，古道从街中间穿过。关口处于花果坪和清江南岸双土地之间，距两边都有数十里，为来往客商和背夫提供歇脚食宿之便，久而久之，这里就逐渐形成了一条街。最热闹时发展到一二十户人家，有冉、向、王、田、刘、谢多个姓氏。家家都开店铺，有客栈，有饭店，有骡马店。民国时期街上还办有学校、医院、邮局等。过路的背夫相当多，为防土匪抢劫，一路少则几十人，多则百余人，络绎不绝，川流不息。

如今的景阳关位于野三峡旅游风景区的中心地带，面对着景阳镇，背靠着花坪镇，用自己的沧桑历史，默默地关注着花坪、景阳二镇的变化和发展。南可望清江，西可观黄鹤桥石林，东可去飞拉达攀崖，北可往小西湖避暑中心。

站在景阳关向西南方向眺望，在清江河南岸景阳镇西面轿顶山下有一座山，山顶有五个小山峰，多为裸露断裂峭壁，形如五柱相攒，峰尖起伏若浪，状似梅花盛开，故名"五花寨"。日暮时分，五花寨夕阳映照，五彩缤纷，暮霭笼罩，景色绚丽，被清康熙年间建始县知县刘珙征确定为建始八景之一，命名为"五

花暮霭",并作诗曰:

> 五柱相攒象若花,夕阳遥映势含岈。
> 峰头硪磴云常绕,岭上苍茫雾半遮。
> 昏树阴阴来宿鸟,晚霞炯炯逐归鸦。
> 边陲咸乐熙隆景,樵牧歌回日影斜。

从景阳关下到清江岸边景阳镇的野三峡旅游码头,乘游船游清江画廊,沿途有九叠瀑布、玉帝笔架山、绝壁挂帘、蝴蝶岩、龙湾飞瀑、龙泉溪等景点。

黄鹤桥峰林位于景阳关西面,奇峰林立,绝壁高耸,绝壁间有一垂直狭缝,传说附近住着一个叫黄鹤的人为了方便行人往来,曾经在此搭桥,故名黄鹤桥。黄鹤桥峰林中有各种大小石柱、奇峰、怪石、深谷、天堑、地缝、绝壁。雄伟奇特的峰林景观在岩溶地貌中十分罕见,可谓"奇峰异石大观园"。景区的主要

景阳关侧面图(傅一中 摄)

景观有群峰朝阳、深谷幽峡（空谷幽兰）、绝壁云海、一峰独秀、金鸡独立、地峡奇观（凉风槽）、雄鹰望塔、展翅欲飞、一线天、五指山（山顶塔林）、石猴望月、雾中石人等。登上黄鹤桥绝顶，足踏百丈悬岩，凭栏南眺，景阳新镇尽收眼底，两岸青峰如黛，谷底江水幽蓝，台地梯田似锦；俯瞰岩下石林，三座石峰拔地而起，相对峙立，中隔百丈深渊，岩如斧削，峰似刀劈，险峻奇绝。

景阳关的东面为鸡公岭飞拉达攀岩户外运动区，由中国蓝天救援队、中国登山协会协作并提供技术支撑，分3期约5年建成。鸡公岭飞拉达垂直高度约550米，绝壁脚下是清江，目前在悬崖峭壁上布局有A、B、C三条攀岩线路。A线是全长650米的体验线路，全程只有一段8米长的钢索，适合胆子较小的人体验，在清江左侧崖壁上，风景略逊于B线；B线是全长约850米的挑战线路，该线对体力和胆量要求较高，全程有4段钢索，其中在接近终点的位置有最长也是最难攀缘的一段40米钢索以及垂直而上的30米软梯，B线正对着清江睡佛咽喉处，站在悬崖上放眼望去，清江从眼前一分为二，右边水流较大的支流通向蝴蝶崖，风景最美；C线是全长约900米的洞穴探秘线路，最高攀爬高度650米。

景阳关的背后即北面是避暑胜地小西湖。小西湖村原名郭家水，位于素有"小汉口"美称的花果坪集镇。这里人杰地灵，自然环境宜人，四周群山环抱，形如盆地，中间是一片湿地和湖水，水域面积约1平方千米。这里也是古代"川盐入湘"必经之地。古盐道经小西湖进入新溪，穿过长槽到达景阳关。1918年6月，国学大师章太炎以护法大元帅秘书长的身份随护国军驻花坪，公务之余，信步游于郭家水，见湖水如镜，湖边翠柳碧蒲，湖光山色，交相辉映，遂喜而易其名曰"小西湖"。目前，小西湖是花果坪集镇的后花园，是通往黄鹤桥风景区的入口。随着建始旅游业的兴起，小西湖成为国家4A级旅游景区野三峡景区的接待中心。

位于长槽村东南端的景阳关，前有清江画廊和古八景之一的五花暮霭，左有飞拉达攀崖，右有黄鹤桥峰林，后有小西湖，四面景观融为一体，现代旅游与悠悠古道融为一体。展望未来，随着旅游事业和葡萄产业的发展，沉睡了数十年的景阳关又将热闹起来。

## 源自异国的关口葡萄

清嘉庆年间纂修的《建始县志》就有当地栽培葡萄的记载。关口葡萄属白玫瑰变种,种植历史近百年。相传,20世纪20年代,比利时一位传教士到建始景阳传教,将从比利时带来的一株葡萄苗栽在教堂边。后来,长槽村关口一刘姓人家在教堂边剪下一枝葡萄苗插在自家庭院前。邻近的村坊亦有一刘姓村民从景阳天主教堂引种栽培葡萄成功。

葡萄生长能力强,几年后绿荫满架,结出了晶莹剔透的葡萄。葡萄皮薄,果肉柔软多汁,甘甜可口,更有独特香味,附近农户争相到刘家剪下葡萄枝条栽种。由于这里气候温和,雨量充沛,土地肥沃,地势平坦,槽田居多,独特

葡萄产业基地(傅一中 摄)

的水、热、光、气及土壤等地理环境适宜种植葡萄,于是家家户户葡萄满架,"关口葡萄"因此得名。

　　长槽的葡萄发展起来了,而母树已经不复存在。村坊刘氏所栽植的两株葡萄幼苗,历经90载岁月,如今已成了苍天古木。它们相距不足半里,一根虬干健旺,一根枝丫四出。经过近百年的自然选择与人工培植,如今关口形成了百亩葡萄长廊,产品远销全国10多个省市,关口葡萄成为该地特色产品,也是一张生态名片。村坊刘家屋场这株原种葡萄,藤树有水桶粗,枝藤伸展面积约660平方米,被称为"葡萄王"。它那粗拙的干体上,流露着一种遒劲的气韵。经过近一个世纪的风雨,依然枝叶茂密,覆荫数丈,多年以来,每逢夏日酷热,人们常会休憩于它的浓荫之下,清风徐来,暑气消减,顿觉凉爽。

　　关口葡萄果粒紧凑,每穗平均着粒数为40～60粒,果粒呈卵圆形或近圆形,果皮较薄,色泽绿而透明,犹如碧玉;果香四溢,果肉柔软多汁,可容性固含物为16.5%～18%,味甜可口,回味无穷。原生地为花坪镇长槽村十二组关口,

关口葡萄王(郎正邦 摄)

其生长地仅限于花坪镇长槽村、村坊村及附近村落。2002年以来，关口葡萄从房前屋后的零星种植到连片规模发展，成为花坪镇农村经济的一大支柱产业。

2009年，由建始县益寿果品专业合作社联合社申请的关口葡萄农产品地理标志登记保护，通过农业部专家评审。适宜种植区东抵野三河，西临黄鹤桥，南抵清江，北临花坪周塘公路，登记区域为花坪乡长槽、村坊、校场、石马、蔡家、周塘6个村。关口葡萄2010年被正式认定为国家地理标志产品。

# 遗 珍

/Yizhen/

# 状元故里

## ——铜锣村

铜锣村地处建始县城东北方向,距离县城约10千米。村里在宋朝出了一名状元詹邈,从此状元故里远近闻名。据清《建始县志·人物志》(道光二十一年)记载:"宋博学宏词状元及第詹公邈。"铜锣是南方乡村音乐生活的元音、村民直抒情感的爽朗表达、朴素语言的美化诗化。铜锣在民间也有祥瑞镇邪之意,外形则有团结凝聚形成共识的象征意义,铜锣也意味着走出了蛮荒,踏上了文明之路。建始县的锣鼓文化更是声名远扬,丝弦锣鼓上过央视,登上了大雅之堂。

詹邈故里目前有三种说法,一说是建始县铜锣村,二说是利川市铜锣坝村,三说是恩施城内登龙桥。究竟为何出现此种情况,需要史家考据和考古发现才能解开谜团。之所以出现恩施、利川、建始三地之说,皆因宋时三地均属清江县。詹邈故里究竟在何处,众说纷纭,明清时代的文人也曾做过各种考证,最终也没有结论。

北宋王朝始于公元960年,终于1127年,存在167年。自宋神宗(1048—1085年在位)后,由于考试重经义、策论,录取的考生文化水平降低,朝廷在起草诏、诰、章、表等应用文书方面难以选拔优秀人才。南宋高宗遂于绍兴三年(1133年)置博学宏词科。詹邈生于1054年,36岁终,在宋元祐三年(1088年)状元及第,也有史料说是宋元祐二年状元及第。不管是哪一年,这比宋置博学宏词科的1133年至少早了45年。宋哲宗绍圣元年立"宏词科"。故事中的詹邈高中"博学宏词科"状元,这可能是故事流传中出现了偏差。

互联网上关于状元詹邈的故事多为励志、鼓励后辈努力向学、考取功名的逸闻。詹邈状元及第的1088年,哲宗皇帝才11岁多,网上流传的关于詹邈与皇帝对答的故事乃后人所为可能性大。被皇帝招为驸马、公主已有身孕之说就更加不可能。就田野调查建始县铜锣村的相关遗址而论，詹邈是该村富裕人家，詹家属于豪门旺族，不然他很难饱读诗书。支持一个考生远涉万水千山去帝都开封应试也是需要相当财力的，家里没有相当的财富不可能完成这场大考。

状元詹邈故里房屋旧址位于铜锣村五组，具体位置在铜锣村五组35号房右边，坐东朝西，现无任何建筑存在，只是一大块耕地，占地约10亩。据村民讲述，在此地曾挖出很多加工整齐的麻条石，村民说泥土下面还有不少，可见故居规模气势并不一般。詹邈英年早逝，只活到36岁。目前还没有发现状元的作品现世，不过村里计划恢复詹邈故居，打算把铜锣村五组36号的编号留为詹邈故居使用。

在詹邈故居的后山上有当地人称为箭楼的遗址存在，属于五组地界，村民说是詹邈读书之余跑马射箭的地方，过去曾有石板路连接故居。向东翻过此山，山下是后河，后河中桥有止箭潭存在，其实是河道的一段，河道变宽，长50米左右，水流变缓，水深变阔成潭状。因传说詹邈从箭楼向东发射的箭落于潭中，故名止箭潭。箭楼遗址长10.3米，宽8米，高2.8米，均由方方正正的条石砌成，工艺精湛。村民说原来遗址规模比现在大很多，仅地面台基就有4米多高，还有石门存在，坐东朝西，在20世纪70年代，拆去部分条石用于梯田建设，石门也是毁于那个时期。箭楼东边5米远的地方有一土堆，略呈圆形，直径7米，土堆坚硬，用锄挖不动，村民不知其有什么用途。

詹邈故居所在地过去应是一个大寨子，故居前的驿道还保存比较完整，连接经过萧家垭口的驿道主干道。按照前寨后堡的攻防体系布局，箭楼应该是寨堡，居高临下，可观四周动向，属于寨子的防御工事。

距离箭楼北向100米处有一块天然的大石板，地势略高于箭楼所处位置。大石板光滑平整，约300平方米，纳天地精华，沐阳光雨露，据传是詹邈读书之地。大石板成为詹邈用来晒书之所，称为晒书石，现为四组9户人家晒粮之地。

铜锣村四组的墓坦，与箭楼隔一槽形洼地相望，相距约1.5千米。村民称槽形洼地为箭楼槽，呈南北向分布，箭楼槽居住的董姓人家，自述来自麻城孝感，清康乾盛世移民的后裔。麻城孝感是清时长江流域大移民的典型地域，既是事实也是传说。墓坦地处山腰部的上方，地势平坦，乃詹邈墓园所在地。由于年代久远，人们已淡忘詹邈状元的陵墓之地，随着移民不断涌入，人口增多，土地供养压力增大，墓园被辟为耕地，部分墓石用作垄田的保土材料。据村民介绍，耕地下面偶有条石被挖出，未遭破坏的陵园墓道可能在耕地下方，露出地面一小段，系条石铺砌。前几年，村民种地时曾挖至墓门处，担心损坏，后掩埋进行保护，墓门没于土坎中。

詹邈墓依地形地貌坐西北朝东南，海拔710米。清道光十年（1830年）所修《施南府志续编·古迹》中载："詹状元墓在建始县北二十五里铜锣坝，明知县何当镌碑曰'肃敏文翁'四字。"现墓碑已散失，有待发现。

铜锣村可谓人杰地灵，人才辈出。因状元故里的荣誉，激励该村人人发奋自强，人才在各行各业不断涌现。因地方志书关注乡村较少，官修多记录官场之事，村庄之事记载多有选择多有遗漏，铜锣村也不例外，难以载入史册，村落成长过程湮灭于历史中，散落于田野里。

向姓是铜锣村所在的长梁乡的大姓。本村五组27号原是一座庭院，是清末举人向应长的老房子，建于清末，房屋全木结构，9个四合水天井坝，其中有两个亭子。

向举人的庭院目前遗存所剩无几。耳门犹在，皆由大青石构成，屹立在后河右岸的旷野中。耳门两侧由两块方形柱石拼接，上接门楣，抬梁由整块石头承担。耳门内空宽1.24米，内空高2.4米。庭院坐西南朝东北，大朝门外有条石铺砌的月台，月台两面有石梯，拾级而下可达朝门前的官道，官道与后河并行，位于右岸。庭院隔河可观萧家垭口动向，背靠铜锣村，有官道连接山上的詹邈故里，互相守望。目前月台还部分残存于原地，官道破损严重，有痕迹可寻。目前仍坚守原址的向姓人家讲述，大朝门为八字门，门后有厅堂，约16平方米。现场调查发现，天井、门厅的石阶还部分存在，残存的斑驳石墙、废弃的石阶仍可见当年石匠的技艺水平不同一般，也可印证当年向举人故居之辉煌。

村中年长者讲述，向举人可是个了不起的人物，为人行善，就一件事可以看出，从后河到兴安坝的石梯路就是他修建的，可真了不起。向举人共有5兄弟，他排行老二，共有7个儿子2个女儿。夫人何氏，长梁乡下坝村人，嫁入向家后，患有眼疾，瘸子。向应长中举后，别人劝他纳妾，他断然拒绝，认为发妻有眼疾，如果自己纳妾，妻子会很伤心，会认为自己飞黄腾达后抛弃了她。向举人与夫人何氏牵手一生，相敬如宾，白头到老。向举人去世后，葬于六组袁家湾，曾有墓碑，毁于1958年的磺矿建设时期，没于地下。有形的举人庭院和墓葬被毁，但无形的举人品德影响至今。向举人夫妇地老天荒的爱情故事和优良家风传承至当代，深入村民的心灵。有村民想重立举人墓碑，刊刻事迹，以教化后人。此想法得到村委会和村中有识之士的善意回应。

驱车顺后河下行，盘山可至猫子山。猫子山属于该村八组地界，在小溪口水库左岸。猫子山就是虎山，此山又叫虎头山，乃崇武之地。古为巴子国旧地，《华阳国志》载，廪君巴务相取得首领地位后，带领众姓一路向西，溯清江、长江而上，经历代努力，于重庆境内建立巴国。长梁多向姓，向姓是巴人的古老姓氏，相向通用，汉化过程中衍化成向。巴人崇尚白虎，现村民称虎为大猫或猫，不直呼为老虎。猫子山顶有一座明代的将军墓，墓主为一向姓将军。据现年70多岁的村中老书记董前辈介绍，将军墓气势恢宏，墓碑高大，墓石雕刻精美，可惜已毁。在将军墓原址曾发现残碑一块，已经破碎，字迹依稀可辨，有"明待赠显考向公讳文明老大人墓，光绪十一年立"等字样，是将军后人从他处迁葬于此。

铜锣村位置比较独特，地势居高临下，视野开阔，风景独好。驿道在距离村落不远处纵横交织，连接后河—两溪河—马水河—彭水河、茅田鞍石—龙潭—萧家垭口—兴安坝等，建始通巫山驿道的驿站下坝紧邻铜锣村。因此，铜锣村向外信息灵通，不断融入外来文化，向内乃安静居所，耕读传家，固守传统。外出可为将为相，为国效力，内居可躬耕铜锣，种地养家，读书养心。据村委会统计，自1949年以来，村里各行各业精英辈出，传统艺人、大学生、行政领导、技术能手不断涌现。村民以状元詹邈故里为骄傲，十分珍惜这份荣誉。

# 双虎钮錞于
## ——革坦社区

革坦社区是景阳镇的政治经济文化中心,镇政府所在地,位于清江南岸台地,距离建始县城70千米。革坦社区最为著名的当属1977年在这里出土的双虎钮錞于,为国内罕见的珍贵文物,现馆藏于湖北省恩施州博物馆,是国家一级文物,成为镇馆之宝。此方面的研究专家认为,虎钮錞于系土家族先民巴人的一种军用乐器。巴人崇虎尚武,有虎族之称,在錞于上以虎为钮,故名虎钮錞于。也有人认为錞于是权力和财富的象征,盛行于战国至秦汉时期,一般为单钮。还有人认为錞于的功能和人们的信仰紧密相关。研究专家邓辉认为,錞于最早见于《周礼·地官·鼓人》,是一种乐器,考古发现最早实物为山东沂水刘家店子的春秋中期墓葬出土。目前的考古发现虎钮錞于多见于湘鄂渝黔毗邻的武陵山区,出土多为春秋晚期。就目前的文献和考古发现来判断,錞于应是兴起于黄河下游东夷,然后传播至长江下游,而后至巴人分布的长江中上游地区,融入虎文化,本土化为虎钮錞于。

景阳镇清江谷地是个风景独好的地方,河流两岸形成数十平方千米的台地,宜居宜业,台地被两岸绝壁夹持,与外界相对隔绝,现代交通兴起以前,这里是世外桃源。原籍景阳的广东省中山市著名作家谭功才先生认为,清江南岸(右岸)还因为外面来的先得渡过清江,对于防守具有非常重要的作用,也就是说出去进来相对不容易,造就了一个相对独立的世界。这里地名带双的不少,双土地、双石柱、双寨子等,还有清江两岸的台地、两岸绝壁等,这些与考古发现的双虎钮錞于是天然巧合,还是巴人受此大自然美景启发对虎钮錞于创新所致,目前还无定论。天地轮回、昼夜更替、男女繁衍等无不是以双走向未来,可见双虎钮錞于在当时部落的崇高地位和精神号召力。关于虎钮錞于用于战争,属于军中打击乐器的说法，专家意见较统一，无异议。研究专家朱世学认为虎钮錞于还可用于诅盟、祭祀等重大礼仪活动。虎钮錞于一般呈椭圆体，上大下小状，顶平，周围为翻唇，中有一虎钮，虎作昂首张口状，虎身有纹饰，下口较直。虎钮錞于这样的造型受大自然启发是有可能的，天圆地方、天大地小是常人目力所及的事实。

双虎钮錞于出土的具体位置在清江南岸台地，革坦社区三组，海拔520米，北纬30°21′4″，东经109°58′4″，据社区工作人员讲述，当时还出土了酒杯8个，壶1把，不知存放何处。双虎钮錞于为汉代青铜器，通高49厘米，盘长32厘米，盘宽25厘米，重12.75千克，物件中空，整个形体上大下小，肩部隆起，略呈椭圆，肩上平盘为椭圆形，盘底有凸弦纹周和方格纹，盘中并立双虎，虎身长5厘米，双虎间有一环相连，虎身有柳叶形花纹，虎口微张，可见上下牙齿，体态丰满，目视前方，栩栩如生。柳叶形花纹是否受巴人的柳叶剑和巴船外形启发，还是老虎身体花纹的变体，需后人努力考证。巴史专家管维良先生认为，巴人勇猛，擅长近身搏击，不在乎剑的长短，只在乎剑的锋利，柳叶剑锋利无比，与老虎牙齿不相上下。从唐代诗人李白的《巴女词》"巴水急如箭，巴船去若飞"中，我们也可感知巴人之船的速度。巴人的柳叶外形器物，是否受到老虎锋利牙齿和爪子的形状启发，目前没有找到证据。柳叶外形用于造剑创意，便于击杀，进入敌方或动物身体快且深入，容易拔出，较快结束战斗；柳叶外形用于水上交通创意，船舶水面受阻面积小，吃水线浅，运动速度快，便于机动，总是先于对手一步。当然也有可能是巴人受老虎身体花纹的启发，通过变化虎纹用在造剑造船方面。双虎钮錞于极为罕见，目前仅此件最为完整。

在双虎钮錞于发现十多年后，在老集镇还出土了一口编钟，老集镇由于清江水布垭大坝建成蓄水，现已被淹没。据革坦社区工作人员介绍，当时一居民建新房，开挖地基挖出一口编钟，后被骗子骗去，苦于当时的侦缉手段有限，只能靠走访社区和问询路人寻找线索，至今没有下落。编钟研究专家庚华教授认为，流行于秦汉时期的编钟与两周时期的编钟已有很大区别，多单件出土，不能编悬，可归为执钟，是中原礼乐文化向周边地区传播的余韵，錞于与鼓配合使用，有云南晋宁石寨山出土的青铜贮贝器上的立体雕塑可以为证，与《周礼》记载吻合。錞于、编钟应该是武陵山区青铜礼乐文化的主要载体，木革质地的鼓不易保存，易腐烂，考古未有发现。编钟铸造技艺在汉代就失传了，宋代、清代宫廷有恢复，都不得法，真正的古法已失传。琴瑟被唐以后的古筝替代。由此观之，革坦出土的编钟属于执钟，景阳谷地历史上也许曾有金石之声、琴瑟和鸣的空前盛况。

至于双虎钮錞于为何在此发现。专家朱世学研究认为，虎钮錞于窖藏的地点多为河岸、山坡、树下及自然洞穴中。至于为何如此，朱世学分析有两种可能，一是因祭祀而埋葬，二是因战乱而埋葬。战国至两汉时期，巴族地区动荡不安，楚人西侵，秦人南下而东进，饱受战乱之苦。在举族匆忙迁徙之时，青铜器属于较重之物，就地埋葬是有可能的。唐代梁载言《十道志》记载了楚子灭巴，巴子五兄弟流入黔中的历史故事，到汉立天下，有酉、辰、巫、武、沅五溪，巴子五兄弟各为一溪之长，史称五溪蛮。这些历史碎片可否与景阳出土的编钟、双虎钮錞于互为印证，编钟兴盛于春秋战国直至秦汉，考古发现以楚为最。清江景阳谷地当时发生了什么，双虎钮錞于与编钟所反映的历史是对抗还是合作，是欢歌还是硝烟，我们不得而知。

以景阳镇为中心的清江两岸谷地约 30 平方千米，两岸绝壁护卫台地，确保了生存安全，大大减轻了防卫压力，一江清水提供了生存必需的充足水源和捕鱼捞虾场所，顺江延展的台地保证了狩猎、采集的空间，冲积形成的台地土地肥沃，便于耕种。土家先民巴人的一个部落在此生存繁衍，因独特的地理区位优势确保了这个部落的安宁，创造了辉煌的巴文化，幸存于世的双虎钮錞于是其杰出代表。

# 传统建筑
## ——陈子山村

陈子山村位于官店镇西南部边缘，东北距官店镇镇政府20千米，西北离建始县城130千米，西接车营村，东邻照京村，南北与野猫山村和茶园村接壤。辖区面积15平方千米，其中耕地面积3205亩，下辖13个村民小组，村委会位于6组，以村委会为中心，东一、二、三、四、五组，南边十一、十二、十三组，西边九、十组，北边七、八组。陈子山村是武陵山区传统吊脚楼建筑保存比较完好的村庄。

陈子山村最高海拔1500米，最低海拔900米，平均海拔1300米。全村地处高海拔山区，气候温凉湿润，四季分明，立体气候特征十分显著。全村地势呈阶梯状，以峰丛槽谷和溶丘洼地为主，槽谷延伸长达2千米至10千米，宽500米至1千米，开阔平坦，四周大多有分支的槽坝相连。槽谷低凹处常有岩溶泉、落水洞、天坑等，有的还有大型暗河，为地下水排泄孔道。有山间的小盆地和平缓起伏的岗峦，基岩为碳酸盐类的山峦，峰顶浑圆，山脊轮廓和缓，山坡以阶梯状坡形出露较多；基岩为砂页类岩的山峦，山峰为尖棱状，山脊陡峭。山地地表因流水侵蚀作用、风化影响，地貌特点是峰顶浑圆，冲槽、溶洞、盲谷、伏流、岩溶洼地随处可见，是典型的喀斯特地貌。河流属清江水系，因地势悬殊，河谷深切，碳酸盐岩分布广泛，裂隙岩溶水丰富。地下水总储量大，但分布不均匀，潜水层深，岩溶、裂隙溶洞管道发育良好，暗河伏流较多，构成地下水排泄通道，一般难以开发利用。各种岩溶管道特别多，暗河、伏流、溶洞、落水洞密布，岩层内蓄水丰富，部分排出地表，成为河流补给水源，并成为村民饮用水的主要来源。

全村有13个主要山头，森林覆盖率达95%以上，林地面积9814亩，用材林木主要有松树、杉树、杨树、泡桐树、樟树、楠树等。良好的植被不仅滋润了野山羊、野猪、獐子、麂子、青猴、野兔、红腹锦鸡、雉鸡、绿头鸡等野生动物，也为该村传统木质结构房屋提供了大量木材。全村有 16 个居民点，分别是陈子山、汪家坪、唐家坪、彭家垭、响买溪、罗家坡等。居民有陈姓、焦姓、唐姓、彭姓、殷姓、庞姓、罗姓等，以陈姓为主，多为土家族。截至 2015 年末共有村民 438 户、1872 人。

据村民讲，村落形成于明代，村名在清朝形成。清雍正年间，陈姓先民自荆州府江陵县白马寺迁至建始，其中一部分族人来到此山，艰苦创业，繁衍生息，不断发展，房屋渐渐形成村落，其山命名为"陈子山"，村名依山命名"陈子山村"。当地用语习惯，"子"用作语助词，无实在意义。

关于村名的来源，另一说法为该村到处生长着一种芸香科柑橘属植物柑子，也叫橙子树，也叫蚯柑，本地人称为"陈子"，是中药饮片陈皮的来源之一。陈皮干燥后颜色橙红，其气温平，味辛善散，有健脾和胃的功效。能消膈气，化痰涎，和脾止嗽、止呕、止咳等。每到秋冬季节，村民收获柑子后，常将柑子的皮剥离下来晒干，当作陈皮饮用。该村八组曾有一棵两人抱粗的陈子树王，树的冠幅达半亩地以上，该树在 1976 年冬全县普遍遭受特大冰凌灾害时冻死。生长柑子树王的山被称为"陈子山"，逐渐演变为村名。

村民建房时，一般选择依山傍水、藏风聚气的地方建设，呈虎坐形，以"左青龙，右白虎；前朱雀，后玄武"为最佳屋场。房屋讲究朝向，主要选择坐北朝南方向，其次，依据山势选择坐东朝西、坐西朝东或四维向。忌朝正北方向，屋后有山垭、门对白岩，有所谓"前空后垭，代代出孤寡""白虎当堂坐，无灾必有祸""北风扫堂，家败人亡"之说。建房讲究择期而建，破土、放青山（砍木材）、挡水、上梁都要选择黄道吉日，忌"红煞"日、"鲁班煞"等。犯了"红煞"会招致火灾或家中不吉利。

陈子山村村民住房以木结构的瓦房为主，也有不少土木结构和石木结构的瓦房，尤以吊脚楼建筑为主要特色，主要集中在四至十三组，是古老的清末老房子。因为通公路较晚，全村目前保留有 276 栋不同时代、各具特色的吊脚楼，建设最早的距今有 200 多年、住过 7 辈人，最近的也有 40 多年。各式各样的吊脚楼点缀在青山之间，古色古香，韵味十足。房屋呈散状分布，选址因地制宜、依山而建，历史建筑得到传承保护，天地自然与人文传统和谐统一，是"天人合一、风景幽美"的深山古村寨。

吊脚楼是半干栏式建筑，它高悬地面，楼上住人，楼下养畜或杂用，通风干燥，能防毒蛇、野兽的侵害，还以优雅的"丝檐"和宽绰的"走廊"而独具一格。吊脚楼的形式多种多样，其主要类型有：单吊式，又叫"钥匙头"，其特点是只有正屋一边的厢房伸出悬空，下面用木柱相撑；双吊式，又称"撮箕口"，即在正房的两头皆有吊出的厢房；另外还有在单吊和双吊的基础上发展起来的双层吊和平地起吊。

吊脚楼大都为全木结构，又称木架屋、板壁屋、架子屋，散布于各村组，白墙黑瓦，人字屋顶，压脊镶边，拱檐花窗，飞檐翘角。吊脚楼以平房为主，间有二层楼房。主要有五柱七檩（即五根柱头七根檩子，以此类推）、七柱九檩、九柱十一檩等几种规格，其对应高度一般为一丈八八（即 1.88 丈，约 6.3 米，以此类推）、二丈二八、二丈四八等，尾数取"八"的谐音"发"，以图吉利。

吊脚楼结构一般分为正屋、厢房和拖檐三部分。正屋一般三间，呈一字形，中为客厅（俗称"堂屋"），两侧为卧室。堂屋前一般留有"吞口"。较大的房屋在正屋一端或两端修有与正屋相垂直的厢房，俗称"钥匙头"（7 字形）或"撮箕口"。拖檐是后面的延续部分。房屋格式有单头屋、钥匙头、撮箕口等。富裕人家还修四合天井屋，前面为门楼，中间为天井。

堂屋正中板壁上设神龛或贴天地纸，中堂贴领袖像。神龛用木板做成，讲究的人家就会雕刻上花纹，龛内供神主与祖先牌位，有的还供木雕神像。天地纸由红纸写就，中间大字为"天地君亲师位"或"天地国亲师位"，以及"九天司命"和各路神仙名号。

代表性传统民居有冯家老屋、黄家老屋场和汪家老屋场等。

冯家老屋位于照京岩下冯家坪，建于民国时期，全木结构的吊脚楼，占地面积 500 平方米，建筑面积 1000 平方米，建筑层数二层，房屋间数 20 间。

1949年后收为国有，先后作为官店区政府和三友中学的办公用房，现已闲置。建于山腰台地上，因地基不够，从坎下立柱成楼，而形成一边吊脚格局，一栋八排扇六间屋，一边的厢房屋向前延建，称"7"字屋、钥匙头或拐子屋，正屋与厢房相接处设将军柱或称伞把柱转角，俗称牛屁股。吊脚楼柱外设走廊，称晒楼，又称签子楼，整栋屋二楼以上围屋建走廊，称走马转角楼。正屋外设较宽的廊檐，称"亮柱"，大多为五尺宽，称"五尺亮柱"。贺龙率红军曾短暂在此休养，还种过菜。

黄家老屋场，双吊式吊脚楼，正屋一边的厢房伸出悬空，下面用木柱相撑；除了屋顶盖瓦以外，上上下下全部用木头建造。户主是黄光源、吴金锣等两户，总占地面积400平方米，建筑面积600平方米，二层10间，前面做吊栏，楼檐翘角如展翅上翻，吊栏柱头如金瓜下垂，房子四壁用杉木板开槽密镶。

汪家老屋场位于洞塘，也叫装巴洞。整个院子坐东南朝西北。西南一栋汪家老屋长3间，11柱，共两层。东南一栋汪家老房子最为古老，据村民说有300年历史，3柱2骑1拖，长3间，村民说是马桑树柱头，估计是名贵木材。东北一栋刘家老屋，8柱落地，长3间。西北一栋刘家木屋，长两间，高二层，有转角楼。汪家老屋场对面山腰部以下另有3栋木房子。每栋木屋都有吞口，吞口两侧有耳门。

# 崇文善歌
## ——干沟村

干沟村位于高坪镇西部，是一个多民族聚居的自然村。据清道光版《建始县志》记载，干沟村处于建始至巴东的要道上，清代朝廷在此设立铺递，用以稽查私盐、传递消息、递送使客、飞报军情。

干沟村村民崇文，全村有能歌善舞的民间艺人300多人，建始闹灵歌和建始南乡锣鼓两项湖北省省级非物质文化遗产皆源于此地，有着深厚的文化底蕴。

建始闹灵歌，本地称为"箱子井闹灵歌"。因代表性表演者郭自均、郭自炎居住在本村一组小地名"箱子井"的地方而得名，是一种融合歌、舞、诗为一体的民间艺术形式。"箱子井闹灵歌"即跳丧舞，本地习称为"打丧鼓""混夜""撒尔嗬"，以"击鼓踏歌"为表现形式，具有十分鲜明的地方特色。

1957年10月，经过县、地区、省三级层层选拔，本村民间艺人郭自均、郭自炎、于德方和望坪村民姜国翠表演的《闹灵歌》，代表湖北省参加全国民间文艺汇演，受到党和国家领导人的接见。自此，闹灵歌开始闻名武陵山区。

2006年10月，闹灵歌被纳入《神话恩施》专题片内容；2006年11月，建始闹灵歌入选恩施州第一批州级非物质文化遗产名录；2007年，入选湖北省第一批省级非物质文化遗产名录。2008年12月26日，郭自炎的儿子郭隆聪被湖北省文化厅公布为湖北省第一批省级非物质文化遗产闹灵歌项目代表性传承人。此后，高坪镇相继有多名艺人被州、县命名为传承人。

闹灵歌以鼓、大锣、钹、包头帕作伴奏乐器或道具，舞姿古朴稚拙、粗狂热烈；舞步飘逸洒脱，略呈醉态。这种以乐为形式表达哀悼内容的群众性舞蹈，盛行于全村、全镇、全县乃至整个武陵山区。舞蹈者随着不同套路的鼓点边唱边跳，扭出不同的舞蹈组合。动作以大幅度摆臀、下沉、扣胸、圆肩和以脚内侧交替移动为主要特点,主要舞蹈动作有"摇帕""升子底""猛虎下山""凤凰展翅""牛擦痒""犀牛望月""狗连裆""燕儿衔泥""美女梳头""苏秦背剑""枯树盘根""双狮解带"等,分别摹拟农事活动和日常生活中的一些动作,反映对生产、生活等活动的观察、理解和感受。

箱子井闹灵歌表演者多为男性,演出时间在出殡前夜(俗称大夜)时,歌者唱腔风格迥然不同,或高昂圆润,或细腻婉转,或淳朴风趣,或幽怨哭诉。通常由击鼓者领唱,众人帮腔或众人接唱,体现本地人独特豁达的生死观,展示坦诚友善、热情奔放的风采。鼓者技艺高超,击打巧妙,或激越雄浑、铿锵豪迈,或低沉呻吟、如泣如诉。

箱子井闹灵歌完整地保留了几百首原始状态的山民歌。演唱因具体地域的不同而有差异,演唱形式有高腔、平腔之分。高腔高亢明亮,具山歌风味;平腔风趣诙谐,活泼生动。歌词通俗易懂、趣味性强。其内容涉及土家人生产、生活的方方面面,其中以即兴编词的内容居多,或叙说男女情爱,或插科打诨。多以伦理道德、孝悌操守、醒人劝世内容为主。如:

  这山望到那山高(高腔)

  传授:郭自炎、郭隆聪

  记谱:林承焱、刘必介

  (领)撒忧哎,撒忧啼

  (合)哎呀,幺啊姑子姐儿哎撒忧啼

  (哎呀)情郎哥哥(啥)(哎)撒忧啼

  (领)哎,这山(的个)望到啊,

  (合)哟咿哟咿吔,望到(的个)葡萄(啊)

    (合)哟咿哟咿吔

    (领)那(呀)山的高哇

      (合)撒忧啼,

    (领)弄(呀)不到手哇

      (合)撒忧啼

螃蟹歌

传授：郭自炎、郭隆聪

记谱：林承焱、刘必介

（领）正月（一个）好唱螃（呀）螃蟹歌（呃）

（合）我问螃蟹有（啊）几支脚

（领）一个（那个）螃蟹八呀八只脚（哪喂）

（合）两个大夹夹（哪啊）

（领）六个小脚脚（哪喂）

（合）老鸦子头上叫（呀啊）

（领）像一个乌龟壳（哪喂）

（合）躲在那岩壳壳（啦喂）

（领）捡一个棒棒戳（啦喂）

（合）夹又夹得紧（啦），扯又扯不脱（呃）

（合）夹又夹得紧（啦），扯又扯不脱（呃）

（呀嘿咿哟嗬啊）撒忧子嗬，撒忧子嗬

　　箱子井闹灵歌是以欢乐的歌舞来祭祀亡人的礼仪，是一种艺术的风俗或风俗性的艺术，它充分展示了当地善良纯朴的民风民俗，体现了独特的生活态度和乐观向上、坚忍不拔的民族精神。它从古至今世代相传，在民众中有很大影响。它不仅是民族文化传习的空间、优秀艺术继承的载体，还能体现村寨间及民族间群众间的亲密往来，是构建和谐社会的纽带。尤其是它所承载的丰厚的历史文化信息，在璀璨的民族文化中具有突出价值和重要意义，是弥足珍贵的文化财富。它所包含的内容是当地山民及其先民世世代代文化与心理的积淀，是历史与文化传承积淀的产物，是探视土家族历史与文化的一个重要窗口，是土家人历史的艺术再现。

　　南乡锣鼓是干沟村另外一种影响广泛的文艺形式，流传于高坪镇及其周边乡镇以及巴东县绿葱坡、大支坪和恩施崔坝乃至重庆巫山的邓家乡等地，辐射人口20多万人。从其起源时间考证，距今已有200多年的历史。南乡锣鼓以口传身授为主要传承方式，其原始记谱方法为工谱。它是在本地锣鼓的基础上，融合中原舞台戏曲艺术而成的。南乡锣鼓节奏相对固定，为2/4拍，每分钟66—78拍。演奏过程轻吹细打，表现出典雅细腻、温婉缠绵的艺术风格。演奏时，艺人手持各类乐器，坐姿散漫随意，演奏过程不紧不慢，表现出安静祥和、达观自然的神态。2011年，南乡锣鼓入选湖北省第三批省级非物质文化遗产名录。

南乡锣鼓的形成与发展，经历了从秧歌锣鼓到单钹单吹，从单钹单吹到双钹双吹、对双钹双吹的改良等阶段。

秧歌锣鼓从清中叶后曾在建始县高坪、三里、红岩等地盛行，表演者由4人组成：一人击鼓、一人鸣大锣、一人打钹、一人耍手幞。其表演场地为四合天井内、田边地头、门前场坝等。表演时，四人或扭或舞，来回穿梭；或唱或说，甚至打诨插科。其板口优美、唱词风趣，是农民农闲或歇稍（田间劳作中途休息）时喜闻乐见的一种文艺表演形式。

秧歌锣鼓的唱腔有固定的旋律，其说唱词以农村生活习惯、民族风俗为基础，一般为四句组成。每句为五字或七字，一、二、四句末尾字押韵，如顺口溜般朗朗上口。其内容贴近生活实际，多反映身边事物，或赞美奉承，或痛斥责骂，以即兴起赋为表演艺人的最高水准。唱完后，打鼓者接一干牌子过渡，为下一首唱词作铺垫。

干牌子的形成来源于秧歌锣鼓中每两段唱词中间的过门（即间奏），为使间奏表现得不至于太单调，历代民间艺人创作并发展了间奏的打法，以某种约定俗成的手势代表不同的打法，逐渐形成了今天南乡锣鼓的干牌子。不同的手势变化，业内人称为"鼓眼"，由掌鼓人以双鼓槌来完成。打干牌子，得先画鼓眼。一个干牌子，一个鼓眼，不同的干牌子，鼓眼不同。

历代艺人在表演秧歌锣鼓的过程中，不断创作、增加干牌子的曲牌类别，目前，已经有40多个干牌子。鼓、锣、钹的击法产生变化和锣鼓曲牌的长短不一样，从而使锣鼓的演奏技法显得花样众多。早期的锣鼓是纯粹的打击乐器，艺人被民间称为"打家业的""打匠"等，一直沿用至今。

为了达到唱词圆润的效果，艺人们在鼓、锣、钹的基础上逐渐加入唢呐，让唱词在唢呐的伴奏中自然流淌出来，使秧歌锣鼓的表现力更强。通过历代艺人的创作、总结、收集、整理，保存下来的简单唢呐调子有《铁金板》《红绣鞋》《朝阳花》等40多个曲牌。上述曲调因为旋律较短，吹打交互，所以最初的唢呐演奏是自然换气。这种以5个人为一个演奏团队的单钹单吹表演形式持续了100多年，即为南乡锣鼓的雏形。

据传，1920年左右，中原河南某戏班一名姓单的艺人因家乡附近黄河发大水而致戏班解散，遂逃难到干沟村，被本村精通锣鼓的私塾先生郭兴杰收留下来，整日供给食物。过了一段时间，单姓艺人见郭兴杰心肠好，且喜欢文艺，遂将随身携带的戏班演奏的戏曲工尺谱拿出来，教郭兴杰演奏、弹唱。在学习过程中，单师傅结合当地秧歌锣鼓，形成本派的独特风格。同时，将单钹改为夹钹（两副钹），将一支唢呐改为两支，大小不同、长短不一样，将单纯的正吹改为小唢呐（F调）正吹（即筒音作5）、大唢呐（A调）反吹（即筒音作1）。小唢呐高亢激昂，大唢呐低沉浑厚。同时，由于部分曲调较长，为使乐音不中断，唢呐的演奏技法加入了鼓腮换气。

20世纪50年代中期，建始南乡锣鼓在改良中不断完善，并基本定型。作为南乡锣鼓发源地的干沟村，受练习者的感染，妇孺皆知锣鼓。本村郭氏、杨氏等家族及居住在这些家族附近的人家，每家都有人会一两门乐器。

高坪司空见惯的民间文化现象，被龙坪、巴东大支坪等海拔较高地方的人们看在眼里，欣羡不已，恳求高坪师傅传授。而最初老辈人观念保守，是严禁将锣鼓演奏技艺传给外人的。直到20世纪60年代末至20世纪70年代初期，传承人代表郭自军、郭自炎兄弟思想较为开明，应当地人的强烈要求，利用晴天的晚上摸黑走路去传承锣鼓，并在高坪境内部分村相继传授。在人民公社时期，高坪公社每个生产大队都抽调通晓乐理或是爱好锣鼓的青年学习锣鼓、普及锣鼓。到20世纪80年代中期，很多村民小组都有能演奏锣鼓的人员，使这一文艺形式逐渐遍布开来。这一时期，由于大多数民众文化程度不高，对能够演奏乐器的人员相当尊重。无论是上梁送匾、还是娶亲做寿，或是白事场合，吃饭的时候锣鼓师傅都是坐第一排席,而艺人的称呼也从"打匠"变为"乐师"。

改革开放以后,工业经济在沿海地区迅速兴起。经济发展的同时,吸纳了大量内地的青壮年劳力。每到年终,打工回来的人挣得较多的现金,吸引了在家务农的人员,而锣鼓演奏获得的微薄收入只能糊口、不能养家。于是,部分锣鼓爱好者随着"打工潮"背井离乡,去陌生的地方进厂入行,谋求生计,学习南乡锣鼓的人员相应大幅减少。在市场经济的冲击下,这个延续了200多年的文艺形式陷入了低迷状态。

2004年8月,中国成为联合国教科文组织《保护非物质文化遗产公约》缔约国之一,并陆续开展了非物质文化遗产的立法、调查、保护等工作。在这个大背景下,2009年,高坪有识之士开始挖掘、整理散落在民间的锣鼓曲牌。2010年以后,仅高坪及其邻近乡镇新学锣鼓的人员就达数百人之多。南乡锣鼓再次活跃在村村寨寨,除开民间常见的红白喜事以外,还应邀参加各种舞台表演、开业庆典、文化类展演等,登上了大雅之堂。锣鼓表演者的身份也变为"民间艺人",佼佼者则被称为"艺术大师"。

# 革命老区
## ——干溪坪村

干溪坪村位于建始县东部边陲，东与巴东县金果坪乡接壤，南与鹤峰县邬阳乡紧邻，距官店口集镇30千米，离宜昌市五峰县牛庄乡30千米。脚踏三县，眼观四郡，群峰耸翠，一河凝碧，是对干溪坪村地理环境的概括。

干溪坪村是革命老区村，20世纪二三十年代，贺龙率红四军（后改番号为红三军）设立的巴建鹤边防司令部驻扎在干溪坪村七组鸡公山，兵营设在后山云盘岭，司令员曾宪文是干溪坪村六组人，他壮烈牺牲时，年仅27岁。这一时期，官店的革命烈士进入鄂西英烈名录的54人，其中干溪坪村8人。全村普查出革命遗址34处。

曾宪文，字品山，男，1905年3月24日生于干溪坪村六组，红军巴建鹤边防司令部司令员，1929年4月加入中国共产党，1932年8月19日牺牲于鹤峰白果荒丘台。另7位烈士是中共党员、红军巴建鹤边防司令部游击队经济处长曾宪国，红军巴建鹤边防司令部游击大队长陈永林，中共党员、红三军四团三营营长曾春茂，红军游击队司号员杨德美，红军游击队副大队长马相成，红军游击队战士宋光太和张正国。

革命遗址主要是第二次国内革命战争时期湘鄂西根据地的遗址。主要有：七组鸡公山巴建鹤边防司令部、六组楠木社王家包曾宪文出生地、七组曾庆太屋场曾宪文驻地、六组楠木社曾宪国出生地、青树（外坡）曾宪国牺牲地、六组楠木社39号陈永林出生地、雄虎山薄刀岭偏岩壳陈永林牺牲地、七组曾家台曾春茂、楠木社杨德美出生地、马家墩（尤祖德屋场）马相成出生地、九组黄家岭马相成牺牲地、八组宋家岭宋光太出生地、五组黑滩河卜家屋场张正国出生地、小溪湾熊洞沟摸鱼洞巴建鹤边防司令部取水处、雄虎山岩湾巴建鹤边防司令部取水处、鸡公山巴建鹤边防司令部储水石缸群、巴建鹤边防司令部雄虎山瞭望哨所、雄虎山巴建鹤边防司令部将军石下红岩垴哨卡、巴建鹤边防司令部薄刀岭刀锋口水红树哨卡、鸡公山云盘岭反"围剿"战壕群、鸡公山云盘岭群英冢无字碑、巴建鹤边防司令部杨树冲粮道、巴建鹤边防司令部朱家坪粮道、红三军千担口粮道、红仓（村委会）红三军粮食供给区、二组干溪坪红三军粮食供给大米主产区、熊洞沟红三军蔬菜供给野菜龙须菜主产区、棚子岭红三军蔬菜供给野菜龙须菜主产区、三组牛角荡巴建鹤边防司令部军需库、五组鞍子岭扬叉洞巴建鹤边防司令部卫生所、宋家岭至鸡公山红三军交通线、鸡公山至金鸡口红三军交通线、楠木社张家岭操练场、葛藤坡（蛮道口）红三军反"围剿"战壕。

在干溪坪村六组楠木社革命遗址，生长着三棵铁坚油杉，呈品字形分布，树龄达500多年。三棵树干胸径10.2米，冠径14米。2019年10月，恩施州人民政府对三棵树挂牌保护，编号分别为：42282200403、42282200404、42282200405。

在二组干溪坪红三军粮食供给大米主产区有一座古桥，即晚清时期的单孔石拱桥横卧于一、二组交界的干溪之上。石桥南北向，横跨干溪沟。桥长30延米，宽3.9米，桥面距水面5.1米。桥左岸拱券处已裂口。桥面以石板、石柱围栏，石板上阳刻"中国共产党万岁"等字样，部分黄漆尚存。

# 篾货手工艺
## ——石桥湾

石桥湾村位于县城东南方,东邻四方井、金龙观,南接雀儿笼,西依岩风洞、小垭门,北接金银店,下辖18个村民小组。村里竹子资源丰富,村里山上、田边、屋角到处都是茨竹、金竹、水竹,青翠欲滴。村中从事篾货编织的艺人很多。

村里的篾货自古有名,传承至今,经久不衰,成为家家户户的副业,老人小孩皆会,农村人谁家不用个背篓、筐筐、撮箕什么的?村民闲暇之余编织各种家用篾货,或蹲或坐或站,边摆龙门阵,边编织篾货,因为离县城近,下街赶集也方便,卖几个油盐钱也是举手之劳,也有人专门收集篾货远销巫山、奉节、宜昌甚至更远的地方。

相传石桥湾村有卢姓人家喜得贵子,满月之日,高朋满座,外婆家送来甜甜的米酒,当地人叫祝米酒,这是风俗,左邻右舍都要来祝贺。主事人端起清亮香醇的米酒,正要开口恭贺,忽见门前小河上飞来一双白鹤,高声长鸣,绕屋三圈,冲天而起,向马水河汪家寨方向飞去。主事人觉得这是吉兆,高声恭贺"一对白鹤飞过河,子子孙孙穿绫罗"。旁边一个衣衫褴褛的客人放下碗,嬉皮笑脸地接道:"一对白鹤飞过河,子子孙孙打篾货!"客人们先是哄堂大笑,接着是哑然,看看主人家都寒着脸,纷纷指责此人太不会说话,那邋遢男子放下碗,嘴里咕哝"能织篾货也不错,技能养身,他日免遭饥荒",整整衣裳,扬长而去。后来卢家人倒也把织篾货的手艺代代相传,周围人家也学上了手艺,当年合作社也收各种篾货,石桥湾村老百姓卖了篾货买下针头线脑、油盐酱醋,生活倒也过得朴实安稳。有人说,这信口雌黄之人乃是罗阳秀才,他金口玉言,卢姓人家也就认命了,认认真真打起篾货来,好在客坊竹子多,弯弯的绿黄的茨竹,青翠的水竹、金竹随处可见,山头屋旁到处都是,是美丽的风景,也是廉价的原材料。正头腊月家家户户喂果木树吃饭，在田坎坡边屋角还补栽几窝竹子，这里的土壤肥沃显酸性，雨量丰沛，阳光充足，竹子连绵不绝，成林成海，竹林篾货真正成了石桥湾村最美的自然人文风景之一。茨竹性柔，一般用来锁口；水竹、金竹质地坚硬，是主要的竹篾编织材料，金竹比水竹质地更好，竹节密度大，辟篾更需要下功夫。

  精致的花背篓、小巧的竹篮、铺排的竹席，那是竹器中的精品，需主人家请篾匠师傅在家侍弄十来天才能完工，还得好酒好肉好烟好茶招待。辟篾是篾匠师傅的基本功，编织图案讲究艺术，而编织本身是篾匠师傅辛苦的创作，手艺高超者，篾条在手中翻飞，篾片在身下跳舞，那是技术，更是艺术。大多数竹器是作日常家用的，撮箕、筛子、背篓、刷竹、格子（竹蒸笼）家家都用得着。少部分篾匠发现竹器市场很大，不满足于辛苦编织，开始批发定制各类竹器到高山地区贩卖，到临近县市长阳、巫山、奉节甚至更远处去卖，穿街走巷，串村住店，到后来开上麻木车，换上小四轮，把石桥湾篾货的盛名传扬开来。

# 米子糖
## ——白云村

据传,在明朝时期,从武当山飘来一朵白云,一直飘到建始长梁子二道水的一座山上停了下来。从云中掉下一口大钟落在山尖上,人们便在大钟落地的地方建起了一座寺庙。寺庙上空,常年有一缕白云萦绕,从不散去,该寺庙因此得名为"白云寺"。白云村因寺得名。

白云村背靠大山,自深山中出来的茶园河从村中流过。日夜不停的河水千百年冲积,不仅在此地形成了数千亩的平坝,而且使这片土地不受旱灾影响终年能得到灌溉。无数代勤劳的人民在这块肥沃的土地上辛勤耕耘,繁衍了一代又一代。随着生产技艺不断提高,种子、肥料等生产要素不断更新,粮食不仅能自给自足,还逐年有了节余。为了保管谷物,聪明智慧的白云人开始制作米子糖,用于自食、馈赠、祭祀等,久而久之演绎为家家户户制作米子糖的传统习俗。白云村几乎人人会做米子糖。

在旧时,米子糖又称斋货、喜糖。凡是用于民间斋祭活动的斋品就叫斋货,用于招郎嫁女喜事活动的就叫喜糖,后来发展成为逢年过节自食和馈赠亲友的特色小吃品。据清同治版《建始县志》记载,清道光八年(1828年),时任建始县训导周鲲化所作《竹枝词》,描写了建始县各地居民年终岁末做米子糖、打糍粑的习俗。诗中写道:"年糍成对米花红,簇簇堆盘馈岁中。要是山人情义重,鲜鱼新出小池中。"数百年来,建始米子糖已是建始县域内广为生产的地方特色小吃,这项传统技艺也在民间得到了广泛传承。

米子糖是一种用米子与糖饴做成的块状物食品,其味甜而不腻,其质脆而不坚,尝之满口生津,闻之回味无穷。逢年过节,建始城乡大都有做米子糖的习惯,县城大街小巷商铺货摊或乡镇店铺,随处可见购买米子糖的人群,或置办自食,或馈赠亲友,到处弥漫着一股浓浓的年味。建始米子糖利用县域得天独厚的条件,不断改进传统工艺,历经了近百年锤炼。用当地生产的糯米、仙谷、玉米麦芽糖、花生、芝麻等纯土特产制作出来的建始米子糖,以其清香、甘甜、酥脆、口感纯正的风味特色,在民族小吃中独占鳌头,深受人们的好评和欢迎。

建始米子糖制作工序复杂,做起来很讲究。每年稻谷收割后,加工户就得精选糯谷,然后将糯谷加工成糯米,就开始为制作阴米而忙碌起来。立冬以后至春节前,是米子糖加工和销售最繁忙的日子,直到第二年春季,还得进行收尾工作。二三月份桃花开时制作的阴米子叫桃花米,秋冬季节制作的阴米子又叫菊花米。

建始米子糖制作工序极其复杂,用料极为讲究,其主要工序包括:选米—浸泡—清洗—浸泡—甑蒸—阴干—晾晒—揉散—炒制—熬糖—配料—搅拌—压形—切片—内包—外包,直至上市,工序复杂、周期长,要学通这门手艺,至少需要三年时间。在工艺技术上,为了达到成品酥香脆甜、色泽口味纯正、不黏牙、无焦糊味、苦味及其他异味的效果,关键在于掌握好以下主要操作工艺。

建始米子糖的主要原料为糯米,所用的糯米均为本地所产,要求颗粒饱满,外形整齐,色泽均匀,无病虫害,无杂质,无异色。在浸泡至揉散环节,又分为"火米子""阴米子"两种。"火米子糖"其色黄亮、温润美观;"阴米子糖"洁白如玉、亮丽大方。"火米子"做法:首先,要选用优质糯谷,将糯谷倒入木桶或缸中浸泡,然后清洗。注入的水不宜过满,以免被水冲出。清洗时还要不时将水管插入其中,以水的冲力促使谷粒翻滚,使之被充分清洗。当桶或缸中的水变清时,就基本清洗好了。再将清洗完毕的糯谷用泉水浸泡10天左右,以竹制器具沥干水,之后再阴干,再用木甑蒸熟,然后晾晒。晾晒时极为讲究,既不能晒得过干,又不能过湿,否则米粒容易破碎。晒干后的糯谷先用木耒脱去谷壳,再用石碓舂去米粒上的细粉和未脱完的小谷壳,使米粒更加晶莹洁白。然后将米粒再次晾晒,筛去碎粒,以瓦缸(坛)装好封存备用。"阴米子"做法:先用木耒和石碓舂去谷壳与细灰,筛去碎粒,用山泉水浸泡10天左右,再用木甑蒸熟。甑蒸讲究火候和时间,时间过长米粒就会成团,散不开;时间过短,炒制时又不能很好膨化。

米粒蒸好后,用 2-3 天时间阴干,待米粒发硬时用手将其搓成单粒,阴干至七成后,方可晒干装好封存备用。阴干不到七成不能日晒,而且第一天日晒要选择阳光柔和的天气,不能暴晒,否则米粒就会破碎、断裂,此时得用米筛筛选一次,剔除碎粒,摘除杂质。

炒制时选用硬度大的河沙,洗净晒干,用柴火炒到高温,在炒制过程中得用小木棍点上三四滴桐油,让河沙表面光滑圆润,以防河沙黏到米子上磕牙,称之为锻沙。然后将米粒倒入沙中翻炒,每锅下米子二两左右,不能太多,这时要均匀地翻动,当米子全部浮出沙面时便可起锅用隔筛筛去河沙,炒制 3～4 锅后要重新锻沙。炒好的米花得用双手反复搓揉,将黏在表面的沙子清理干净,再用米筛筛选一次,筛去碎沫,摘除杂质后留下颗粒大小均匀的备用;或以铁锅直接焙炒米花,用瓦缸(坛)装好封存备用。炒制时要注意控制火候,烧火的人要善于观察,根据锅里米子的炒制情况来调整灶膛里火的位置和火力,随时增减柴禾。火力过猛易糊,火力偏小米子膨化率又不高,吃起来不酥。在这时还得将事先备好的花生米、芝麻仁分别炒香,以作添加之用。

建始米子糖除"火米子""阴米子"原材料外,玉米麦芽稀汁糖是必需之配料。熬糖前,先生麦芽。生麦芽是把精选好的小麦浸泡后,均匀地放入竹编篮筐里,篮筐上面用芭蕉叶或稻草盖紧,不能见丝毫阳光,否则麦芽变青、散叶就不能使用。每天喷水 2 次,保证麦芽生长湿度。待麦芽长出 3～4 厘米,呈金黄色又未散叶时停止喷水,控制生长速度待用。一般六天会长出针尖状的麦芽,未散叶变青的为上等麦芽。熬糖时,先将精选的玉米籽磨成块状碎粒,然后按 1 斤麦芽 2.5～3 斤玉米的比例进行配料。配料时,先将麦芽的 2/3 剁碎与玉米碎粒一起浸泡 1～2 小时,使之充分混合后再磨成浆,剩下的麦芽单独磨成浆待用。玉米浆磨好后便开始炒浆,先用大火将浆煮至即将沸腾,随后改为中火,使其欲沸而不腾,并用锅铲不停地搅拌,利用麦芽将玉米中的淀粉糖化,这个过程一般需要几个小时,当玉米浆越煮越稀,几乎全部变成了水时,可以用锅铲或勺子舀取少量来测试糖化的程度,当玉米浆完全能流出清水时便可以熄火,浆里可加入适量的泉水便于冷却。冷却至手伸入浆中片刻就受不了时加入剩下的麦芽浆，并缓慢搅拌，使玉米浆中的淀粉完全糖化，约半小时后，浆液里会有大量的黄色水汁溢出表面，这时再添柴生火，重新将浆液倒入锅中煮沸，煮浆是个技术活，对火候的把握非常关键，煮干了没有糖水，不煮到位糖汁又没能煮出。然后用细密的纱布过滤，过滤的纱布不能摇动，让其自然流出糖汁，否则走渣了糖汁不纯。过滤完后就可熬糖了，熬糖的时候火力要猛，当逐步浓缩后的糖液开始冒气泡时，得退去灶膛里一部分柴禾来减轻火力，用文火煮至起牛眼睛般大小的气泡时便可熄火起糖封存了。大米糖和糯米糖的熬法和玉米糖一样，只是麦芽的用量有所改变，大米糖比玉米糖麦芽用量略少一点，糯米糖比大米糖又略少一点。

将熬制好的玉米稀汁糖放入锅中再度熬制，熬成既能黏住米粒又不会松散脱落即可，这是检验师傅手艺高低的一个重要环节，糖稍嫩，做好的米子糖不酥不香，更不能存放；太老则黏不住米花，难成形。糖熬好后，按比例把炒熟的米花加入锅中拌匀，冷却到一定程度后放入木盒或案板上压形，木盒和案板一般用上好的香柏树制作。压形时滚筒要均匀用力，既不能压得太紧而切不开，又不能压得太松而难切成形。切片时，用一根木片靠着刀具，刀具要求刃薄锋利，下刀要稳、准、快，不能拖泥带水，以保证成形的切片厚薄均匀。米子糖的厚度以 0.5 厘米为宜。

米子糖通过压形再切片后，以手工操作装袋，每袋装量 1 斤、2 斤不等。将其进行内包、外包，密封后贴上商标标签进入市场。

建始米子糖历史悠久，传承队伍健全，潘贤成是其代表之一。潘贤成祖籍江西南昌，在清代"湖广填四川"时期，先祖迁入建始长梁白云村，潘贤成系白云米子糖第 14 代传人，十二岁便开始学做米子糖。他将六月雪梨榨汁浓缩成梨饴，再和米子充分混合，切出来的米子糖酥脆醇香、甜而不腻。之后，他带领村民在不断改进工艺流程的基础上，注册生产"白云米子糖"特色食品。

# 后记

　　2018年7月27日,恩施州政协文史委召开专题座谈会,就编撰恩施州传统村落历史文化丛书征求意见并部署安排相关工作。建始县政协高度重视,成立了由县政协文史委以及县档案馆、县住建局、县文旅局、县民宗局、县民政局等单位负责人组成的领导小组,每个单位还安排了专门的联络员协助查找资料;两任主席李伟、曾凡忠直接抓该项工作,分管副主席颜昌泉负责日常督办,县政协文史委负责落实,编撰工作得以顺利开展。

　　《建始县传统村落》一书是在中共建始县委领导下、县政府大力支持下完成的。在成书过程中,恩施州政协副主席张全榜、文史委主任曾凡培耐心指导,提出编撰建议。建始县政协文史委多次召集编撰组人员商讨调研和写作事宜,并前往每个村落开展深度田野调查,了解成书过程,审读修改文稿。

　　全书由龚志祥、毛昌恒统稿修订。本书的概述部分、摩峰村、长槽村、田家坝村、花果坪社区由傅一中编撰完成。猫儿坪村由傅一中、胡永铸完成。石垭子村由谈传信编撰完成。石门村由蔡国述编撰完成。凉水埠村由吴国铃、吴国韬编撰完成。三里坝社区由傅一中、龚志祥、毛昌恒编撰完成。栗谷坝村由龚光武、龚志祥编撰完成。双土地古街由向平、谭学银、周妮妮、龚志祥编撰完成。望坪村由姜化宁、李维全编撰完成。卸甲坝村、铜锣坝村、陈子山村、干溪坪村、革坦社区的内容由龚志祥、毛昌恒编撰完成。白云村由胡贻碧、唐旻和潘贤成编撰完成。干沟村由毛昌恒编撰完成。石桥湾村由张英超编撰完成。书中历史资料图片、照片主要由郎正邦、傅一中、李维全、宋传轩提供，还有部分图片由在本书编撰过程中，县档案馆自始至终给予了全力支持，提供档案资料，协助田野调查，保证了资料的翔实可靠。本书编撰者实地拍摄。由于受疫情及降雨时间较长等影响，成书时间稍显匆忙，疏漏在所难免，敬请海涵。

本书由建始县政协主导编撰，是非商业项目，志在记录传承建始优秀传统村落文化，助力建始乡村振兴战略。本书是一项集体成果，得到了建始县直各部门、各乡镇的大力支持，以及建始县文化志士们的无私奉献。在此一并致谢所有为本书做出贡献的人士，如有遗漏，敬请海涵！

《建始县传统村落》编辑部
2021 年 10 月